Wiebke Kemper

Rasselschwein & Glöckchenschaf

Mit Orff-Instrumenten im Kinder- und Musikgarten
spielerisch musizieren – für Kinder ab 2 Jahren

Illustrationen: Sabine Weiss

Ökotopia Verlag, Münster

Impressum

Autorin: Wiebke Kemper

Illustrationen: Sabine Weiss

Satz: Studio Bandur, Idstein-Wörsdorf

ISBN: 3-936286-17-5

© 2003 Ökotopia Verlag, Münster

2 3 4 5 6 7 · 09 08 07 06 05 04

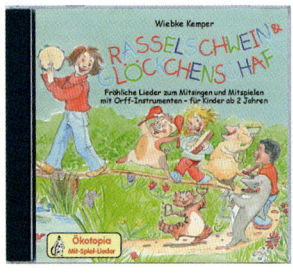

Alle Lieder dieses Buches gibt es auf der CD von Wiebke Kemper:
Rasselschwein & Glöckchenschaf
Fröhliche Lieder zum Mitsingen und Mitspielen mit Orff-Instrumenten – für Kinder ab 2 Jahren
ISBN: 3-936286-18-3

Inhalt

Vorwort 4

Tierisch gut Musik machen 5
Das Konzept im Überblick 5
Die Tierfiguren 5
Zum Stundenablauf 6

Klanghölzer 8
Kleines Pferdchen ◉ Nr. 2 12
Das Lied vom Specht ◉ Nr. 3 14

Glöckchen 16
Die Spinne Rosalinde ◉ Nr. 5 20
Die Katze Miffi ◉ Nr. 6 22

Rassel 24
Schweinchen Rosi ◉ Nr. 8 26
Das Lied von der Kellerassel ◉ Nr. 9 28

Triangel 30
Hörst du die Delfine blinzeln? ◉ Nr. 11 34
Die Fliege und der Fliegenpilz ◉ Nr. 12 36

Handtrommel 38
Wer klopft denn da? ◉ Nr. 14 42
Ein kleines braunes Trampeltier ◉ Nr. 15 44

Mitspiel-Aktionen für alle Orff-Instrumente 47
Musikfest im Zoo ◉ Nr. 17 52
Schäfchen Fluse und Schäfchen Flocke ◉ Nr. 18 54
Heute werd' ich einen Löwen fangen ◉ Nr. 20 58
Das Faultier Amanda ◉ Nr. 22 61

Die Autorin 62

Vorwort

Wenn Kleinkinder beginnen, ihre Umgebung aktiv zu entdecken, ist nichts mehr vor ihnen sicher: Alles wird betastet, auseinander genommen, **mit allen Sinnen erforscht** und ausprobiert.

In dieser Phase üben **einfache Musikinstrumente** eine besondere Anziehungskraft auf Kinder aus. Sie bieten ihnen die Möglichkeit, über das reine Wahrnehmen und Aufnehmen bestimmter Materialeigenschaften hinaus mit diesen Materialien **selbst etwas zu erschaffen**, indem sie Töne und Klänge produzieren. Dabei können sie ihren angeborenen Spieltrieb und ihre **Experimentierfreudigkeit** kreativ ausleben.

Je jünger Kinder sind, desto freier und unbefangener gehen sie mit Instrumenten um. Deshalb sollten sie möglichst früh die Gelegenheit bekommen, **spielerisch zu musizieren**, um ihnen Musik und Musikinstrumente auf unkomplizierte Art und Weise nahe zu bringen. Denn Tatsache ist, dass eine frühe musikalische Erziehung Kinder in ihrer gesamten Entwicklung positiv beeinflusst.

Von dieser Überzeugung ausgehend entwickelte der Komponist **Carl Orff** (1895–1982) das nach ihm benannte „**Orff-Instrumentarium**". Aus Afrika übernahm Orff Anregungen für Instrumente, die er für den Musikunterricht nachbauen ließ. Seiner Meinung nach sollten Kinder die Möglichkeit bekommen, spontan Musik zu machen, ohne zuvor jahrelang ein Instrument erlernen zu müssen. Seine Idee stieß sowohl bei Kindern als auch bei Erwachsenen auf große Begeisterung. Neben den in diesem Buch ausgesuchten **Rhythmusinstrumenten** (Klanghölzer, Glöckchen, Rassel, Triangel und Handtrommel) und weiteren, wie den Holzblocktrommeln, Cymbeln, dem Tamburin u.a., gehören auch **Melodieinstrumente** wie das Glockenspiel, das Metallofon und das Xylofon zum Orff-Instrumentarium.

Die hier ausgewählten Rhythmusinstrumente ermöglichen schon Zweijährigen spontanes Musizieren. Können die Kinder in der Musikschule, dem Kindergarten oder der Spielgruppe **gemeinsam mit anderen Kindern Musik machen**, ist die Begeisterung besonders groß.

Eben so groß ist aber oft auch die Scheu der Erwachsenen, die vorhandenen Instrumente mit den Kindern auszuprobieren. Viele ErzieherInnen fühlen sich hier überfordert und wissen nicht so recht, wie sie die Instrumente sinnvoll einsetzen können.

Dieses Buch möchte vor allem „**Nicht-MusikerInnen" ermutigen** und anleiten, mit viel Spaß und Freude zu musizieren, ohne dabei über komplexes Grundlagenwissen verfügen zu müssen. Begeben Sie sich gemeinsam mit den Kindern auf die spannende Forschungsreise in die Klangwelt der Orff-Instrumente – nur Mut!

Tierisch gut Musik machen

Das Konzept im Überblick

Die folgenden Lieder, Spiele und Übungen sind für Kinder ab zwei Jahren konzipiert. Sie bieten Anregungen zum ganzheitlichen, spielerischen Lernen, zum Ausprobieren und Experimentieren.
Fünf der bekanntesten und gängigsten Orff-Instrumente – Klanghölzer, Glöckchen*, Rassel, Triangel und Handtrommel – werden mit eigenen Kapiteln eingeführt. Dies geschieht durch:
- gemeinsame **Bastelaktionen**, bei denen die Instrumente hergestellt werden;
- vielfältige **Spiele und Übungen zur Heranführung** an das neue Instrument;
- je **zwei Mitspiel-Lieder**, bei denen die Kinder die unterschiedlichen Spielmöglichkeiten des Instruments ausprobieren können;
- verschiedene **Spielideen** zu den einzelnen Liedern.

Im letzten Kapitel folgen Anregungen, Lieder und Klanggeschichten für **Spielaktionen mit allen Orff-Instrumenten**. Hier können die Kinder all ihre erlernten Fähigkeiten und ihr erworbenes Wissen anwenden.

Die Tierfiguren

Im Mittelpunkt aller Lieder in diesem Buch steht jeweils eine Tierfigur, die besungen wird. Zu jedem neuen Instrument werden zwei Mitspiel-Lieder vorgestellt und damit zwei verschiedene Tiere, die sich als **Identifikationsfiguren** anbieten. Dadurch wird den Kindern der Umgang mit den noch fremden Instrumenten erleichtert.

Wird ein neues Instrument eingeführt, entscheidet sich die Spielleitung zuvor für eines der beiden Tiere, das sie für den Einstieg nutzen möchte. Sie kann dazu ein passendes **Stofftier** mit zur Stunde bringen oder sie zeigt den Kindern ein **Bild** von dem Tier, entweder direkt aus dem Buch oder als vergrößerte Kopie der Abbildung im Buch, die sich als Kopiervorlage nutzen lässt. Gemeinsam mit der Spielleitung stellen die Kinder fest, wie das Tier heißt, welche Laute es macht, wer ein solches Tier schon einmal gesehen hat usw. (s. u.: „Zum Stundenablauf")

Für die **Koppelung an das Instrument** gibt es nun zwei Möglichkeiten, die sich je nach ausgewähltem Tier und seiner Rolle im Lied ergeben:
- Das Tier macht bestimmte **Laute oder geräuschvolle Bewegungen**, die mit dem jeweiligen Instrument besonders gut nachgeahmt oder klanglich gestaltet werden können. (Bsp.: Das Wühlen des Schweinchens „Rosi" im Schlamm lässt sich gut mit einer Rassel nachahmen; s. S. 25.)
- Das **Tier bringt** den Kindern **das neue Instrument mit**. (Bsp.: Im Kapitel „Glöckchen" trägt die Katze „Miffi" im

---

* Das Instrument „Glöckchen" findet sich in der Literatur unter dem Begriff „Schellenkranz". Ich halte diese Bezeichnung für missverständlich, da sie umgangssprachlich oft für „Schellenring" verwendet wird (mit flachen Metallschellen versehenes Instrument). Deshalb habe ich mich für die Bezeichnung „Glöckchen" entschieden, zumal der Begriff den Kindern aus dem Alltag bekannt ist. Bei allen Liedern, Spielen und Übungen mit dem Instrument „Glöckchen" ist also der sogenannte „Schellenkranz" gemeint (s. Fotos S. 16).

Lied ein Glöckchen um den Hals. In Anlehnung daran könnte die Spielleitung eine Stofftierkatze mit einem einzelnen Glöckchen um den Hals mitbringen und darauf bei der Einführung der Katze Bezug nehmen. Aus einem Versteck zieht „Miffi" daraufhin einen Beutel hervor, in dem sie für jedes Kind das Instrument Glöckchen mitgebracht hat.)

Oft wird eines der beiden Tiere zusätzlich in eine der einführenden Spielaktionen miteinbezogen, sodass sich der **Bezug zwischen Tier und Instrument festigt**. Singt die Spielleitung den Kindern das passende Mitspiellied vor, sind sie bereits mit der Tierfigur vertraut und motiviert, das Lied zu lernen und mit den Instrumenten zu begleiten.

Zum Stundenablauf

Je jünger Kinder sind, desto flexibler muss die Spielleitung auf sie eingehen und auf die jeweilige Situation reagieren können. Deshalb ist der folgende Stundenablauf nur als grundsätzlicher Vorschlag für eine sinnvolle Stundengestaltung gedacht, die je nach Rahmenbedingungen (Zeit, Gruppengröße, Instrumentenfundus, Stimmung der Kinder ...) variiert werden kann.
Der Begriff „Stundenablauf" meint dabei die sinnvolle Reihenfolge der einzelnen Aktionen, wobei es dem Ermessen der Spielleitung überlassen bleibt, wie viele Stunden oder Unterrichtseinheiten sie für ein Instrument aufwendet. Pro Instrument sollten sicherlich mind. drei Einheiten gerechnet werden, damit genügend Zeit auch für Wiederholungen bleibt.

1. Phase: Bastelaktion
Als erste gemeinsame Aktion bietet sich das Basteln des neuen Instruments an, damit alle Kinder über ein eigenes Instrument verfügen und parallel alle Spiele und Übungen umsetzen können. (Eine Ausnahme stellt der Triangel dar, der sich nicht nachbasteln lässt.) Die Bastelanleitungen sind so ausgewählt, dass die Kinder mit den Instrumenten Gewinn bringend musizieren können, auch wenn sie dafür beim Basteln auf die Hilfe der Spielleitung angewiesen sind.
Sollte die Spielleitung schon über einen Instrumentenfundus verfügen, der für alle Kinder ausreicht, kann das Basteln auch als schöne Abschlussaktion ans Ende der Stunde gestellt werden. Erfahrungsgemäß sind die Kinder sehr motiviert, das Instrument, mit dem sie nun schon mehrmals musiziert und Spiele durchgeführt haben, zu basteln, um es mit nach Hause nehmen zu können. Anschließend sollten die Kinder natürlich noch Gelegenheit bekommen, mit ihren selbst gebastelten Instrumenten in der Gruppe zu musizieren. Die erlernten Lieder noch einmal mit eigenen Instrumenten zu begleiten, macht dann doppelt Spaß!

2. Phase: Erste Spiele und Übungen
- Die Spielleitung zeigt den Kindern ein Stofftier oder das Bild eines der beiden Tiere aus den Mitspiel-Liedern. Sie spricht mit ihnen über das Tier (s. S. 5: „Die Tierfiguren") und erzählt eine kleine Einstiegsgeschichte (Beispiel: s. S. 25 „Schweinchen Rosi: eine kurze Geräuschegeschichte"), bei der die Instrumente einbezogen werden.
- Das neue Instrument wird bei den ersten Spielaktionen gemeinsam ausprobiert und genauer erforscht: Welches sind seine Materialeigenschaften? Welche Töne und Klänge kann ich damit erzeugen? Bei welcher Handhaltung klingt das Instrument am besten?

In diesem Zusammenhang kann es auch reizvoll sein, im Raum auf die Suche nach Alltagsgegenständen zu gehen, welche einen ähnlichen Klang erzeugen wie das jeweilige Instrument. Anregungen hierfür finden sich nach jeder Bastelanleitung.

3. Phase: Einführung der Lieder

Die Spielleitung singt den Kindern das Lied vor, in dem die in der ersten Phase vorgestellte Tierfigur besungen wird (oder spielt ihnen das Lied von der CD vor). Gemeinsam lernen die Kinder mit der Spielleitung das Lied.

4. Phase: Gemeinsames Musizieren

Das Lied wird auf unterschiedliche Art und Weise mit den Instrumenten begleitet:

- Die verschiedenen Geräusche und Tierlaute, die im Lied vorkommen, werden mit den Instrumenten nachgeahmt. Hier geht es um das **musikalische Mitgestalten** spannender und witziger Geschichten („Kleines Pferdchen", „Das Lied vom Specht", „Die Katze Miffi", „Hörst du die Delfine blinzeln?", „Wer klopft denn da?", „Ein kleines braunes Trampeltier"). Die Kinder erfahren dabei spielerisch **verschiedene musikalische Parameter** wie laut-leise oder schnell-langsam und setzen sie aktiv um.
- Andere Lieder werden mit Unterstützung durch die Spielleitung (bzw. durch die CD) **rhythmisch begleitet** („Die Spinne Rosalinde", „Schweinchen Rosi", „Die Fliege und der Fliegenpilz", „Musikfest im Zoo", „Schäfchen Fluse und Schäfchen Flocke"). Die Kinder werden hier langsam an **gleichmäßiges Spielen und Takt halten** herangeführt.

5. Phase: Erweiterte Spielideen zum Lied

Zu vielen Liedern gibt es weitere Spielideen: Die Begleitung mit dem Instrument wird variiert, der Text erweitert, es werden Bewegungen oder eine zusätzliche Spielaktion miteinbezogen.

Durch die vielseitigen Aktionen lernen die Kinder spielerisch

- die unterschiedlichen Materialeigenschaften und verschiedenen Klangfarben der Instrumente kennen;
- die korrekte Handhabung der Instrumente;
- die vielseitigen Spielmöglichkeiten der Instrumente;
- verschiedene musikalische Parameter umzusetzen wie laut-leise, schnell-langsam sowie gleichmäßiges Spielen (Rhythmus einhalten);
- das klangliche Gestalten von Geschichten;
- Musik in Bewegung umzusetzen.

Das Buch ist so aufgebaut, dass zunächst fünf einzelne Instrumente kennen gelernt werden können, bevor zum Schluss alle Orff-Instrumente zusammen zum Einsatz kommen.

Alternativ ist es aber durchaus möglich, gleich in der ersten Stunde alle Instrumente – zumindest in einfacher Ausführung – mitzubringen. Es ist spannend für die Kinder, zunächst ganz nach Lust und Laune die verschiedenen Instrumente auszuprobieren, um sich dann in den folgenden Stunden – wie oben gezeigt – mit einzelnen Instrumenten genauer zu beschäftigen.

Für welche Stundengestaltung auch immer Sie sich entscheiden – grundsätzlich gilt: Die Aktivitäten rund um das Orff-Instrumentarium sollen den Kindern vor allem den **Spaß an der Musik** und die **Freude am eigenen Musizieren** vermitteln!

Klanghölzer

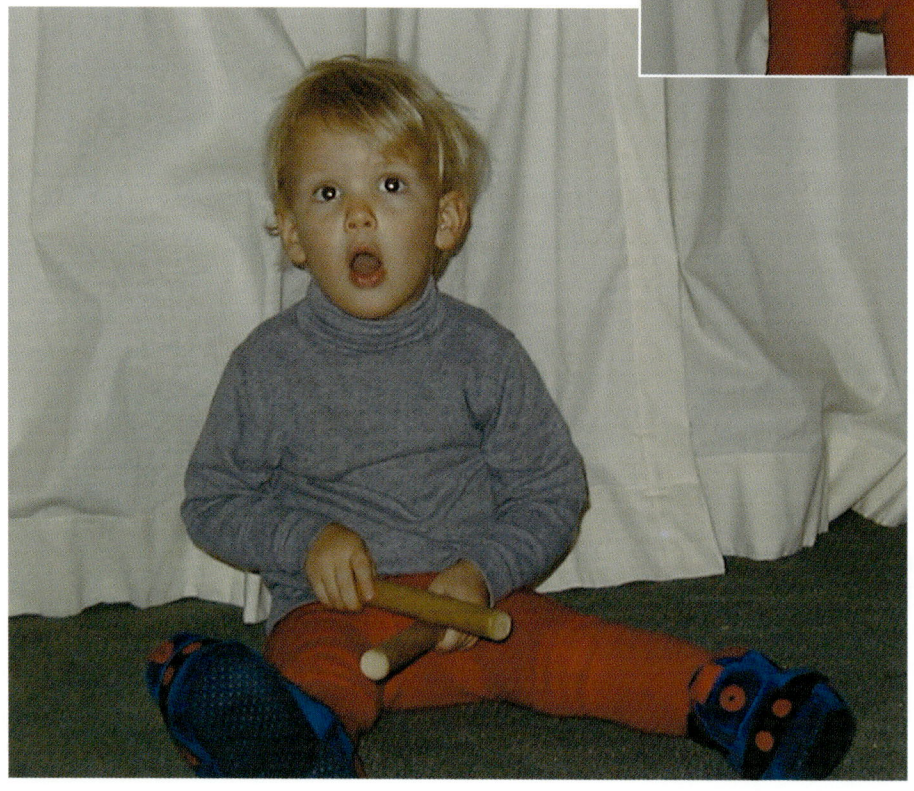

Bastelaktion

Material: 2 Rundhölzer (aus dem Baumarkt, am besten Buche oder Eiche, Ø ca. 2 cm, Länge je ca. 20 cm; alternativ 1 Holz-Besenstiel in passende Stücke zersägen), Schmirgelpapier, Wasserfarben, Pinsel

Die Enden der Rundhölzer mit dem Schmirgelpapier sorgfältig glätten.
Die fertigen Klanghölzer mit Wasserfarben bunt anmalen.
Hinweis: Wasserfarben verändern den Klang der Hölzer nicht und splittern beim Spielen nicht ab.

Alltagsgegenstände:
Essstäbchen oder die Stiele zweier Holzlöffel lassen sich leicht zu Klanghölzern umfunktionieren.

Heranführung an das Instrument

Die Kinder probieren zunächst selbst aus, wie sie mit dem Instrument Klänge erzeugen können: Wie klingen die Hölzer, wenn ich ...
- sie über Holzfußboden rolle,
- sie aneinander reibe,
- sie kräftig gegeneinander schlage,
- vorsichtig mit dem einen auf dem anderen klopfe?

Nach einer kurzen Experimentierphase kommen die Kinder im Kreis zusammen und führen sich gegenseitig ihre verschiedenen Spielweisen und Klänge vor.
Anschließend erzeugt die Spielleitung erst einen Klang mit der korrekten, lockeren Handhaltung, und dann einen Klang, bei dem sie beide Hölzer mit den Händen fest umschließt und klopft. Die Kinder vergleichen die unterschiedlichen Klänge: Welcher klingt freier und schöner?

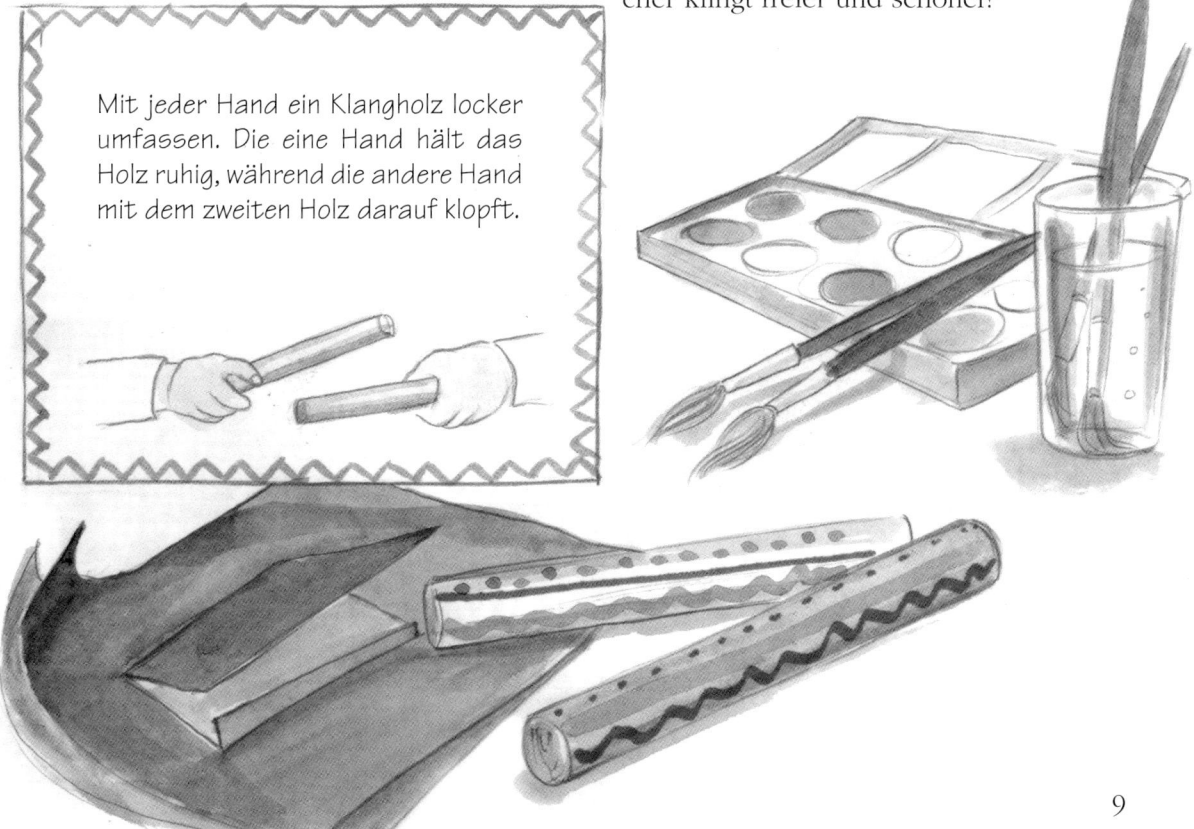

Mit jeder Hand ein Klangholz locker umfassen. Die eine Hand hält das Holz ruhig, während die andere Hand mit dem zweiten Holz darauf klopft.

Hammer und Nagel

Spiel zur Übung der lockeren Handhaltung

Material: Klanghölzer
Alter: ab 3 Jahren

Die Kinder umfassen mit einer Faust ein Klangholz mit lockerem Griff am unteren Ende, sodass das Holz wie ein Nagel senkrecht nach oben steht (s. Abbildung). Die Spielleitung geht mit einem Klangholz, dem „Hammer", reihum und „hämmert" bei jedem Kind den „Nagel" Stück für Stück in die Faust. Bei einem lockeren Griff wandert das Klangholz tiefer und tiefer und kommt unten aus der Faust wieder heraus.
Zum Schluss versenken die Kinder ihren „Nagel" selbst mit dem „Hammer" in ihrer Faust.

Variante

Ältere Kinder finden sich zu zweit zusammen und versenken nacheinander die „Nägel" ihres Partners.

Regenschauer

Übung für die Parameter leise-laut und schnell-langsam

Material: Klanghölzer
Alter: ab 2 Jahren

Die Kinder sitzen mit ihren Klanghölzern im Kreis.
Gemeinsam mit der Spielleitung zaubern sie einen Regenschauer in den Musikraum: Zu der Ansage ***„es tröpfelt"*** spielen sie mit ihren Klanghölzern zunächst ganz langsam und leise. Bei ***„es regnet"*** klopfen sie etwas lauter und schneller, und bei ***„es gießt"*** steigern sie sich zu einem lauten Regen-Trommelwirbel.

Varianten

- Ein einzelnes Kind beginnt das Tröpfeln mit seinen Klanghölzern nachzuahmen. Die anderen Kinder setzen nach und nach ein, bis schließlich alle leise mitspielen. Gemeinsam steigert sich die Gruppe und spielt immer lauter und schneller.
- Die Kinder ahmen nicht nur das Heranziehen des kräftigen Regenschauers nach, sondern lassen ihn im gleichen Tempo zu den Ansagen der Spielleitung auch wieder abklingen.
- Dieses Spiel lässt sich ebenso gut auf dem Instrument **Handtrommel** umsetzen (s. S. 40): Zu ***„es tröpfelt"*** tippen die Kinder mit den Zeigefingern auf ihre Trommel, zu ***„es regnet"*** kribbeln und krabbeln sie mit ihren Fingerspitzen, bei ***„es gießt"*** trommeln sie mit allen Fingerspitzen, bei ***„es donnert"*** trommeln sie mit den Fäusten und bei ***„es blitzt"*** klatschen sie laut in die Hände.
Den Blitz könnte auch ein Triangel übernehmen (s. S. 30).

Pferdegalopp

Übung für langsames / schnelles Spielen

Material: Klanghölzer, Stoffpferd
Alter: ab 2 Jahren

Die Kinder sitzen mit ihren Klanghölzern im Kreis. Die Spielleitung setzt ein Stoffpferd in die Kreismitte.
Das Pferd ist noch sehr klein und beginnt nun, seine ersten Schritte auszuprobieren. Die Kinder ahmen mit den Klanghölzern langsame, vorsichtige Schritte nach. Mit der Zeit kann das Pferd immer gleichmäßiger und schneller laufen, bis es schließlich freudig galoppiert.
Zwischendurch wird das Pferd aber immer wieder müde vom vielen Herumtollen und läuft langsamer, bevor es zum Schluss in einem wilden Galopp davonläuft.

Variante

Die Kinder teilen sich in zwei Gruppen. Die eine Gruppe bewegt sich abwechselnd stampfend, schleichend, hüpfend, rennend usw. durch den Raum. Die Spielleitung ruft dazu nacheinander jedes Kind dieser Gruppe einmal auf, das die Bewegung vorgeben darf. Die andere Gruppe ahmt mit ihren Klanghölzern die Laufgeräusche nach.

Echoklang

Übung zum genauen Hinhören und Nachspielen

Material: Klanghölzer
Alter: ab 4 Jahren

Die Spielleitung spielt zunächst einzelnen Kindern einfache Rhythmen auf den Klanghölzern vor und spricht dazu, z.B.:

ein   Pferd   ein   Pferd
klei   nes Pferd chen klei   nes Pferd chen
ein   Specht   klopft

Die einzelnen Kinder wiederholen den Rhythmus als Echo auf ihren Klanghölzern. Anschließend spielt die Spielleitung den geübten Rhythmus der gesamten Gruppe mehrmals vor, die ihr jeweils als Echo antwortet.
Sind die Kinder schon etwas geübter, spielen sie die Rhythmen nach, ohne dabei zu sprechen.

Hinweis: Auf jede gleichmäßig gesprochene Silbe kommt ein Schlag. Der Rhythmus bei „ein Pferd" und bei „ein Specht klopft" entspricht eher einem ruhigeren Schritttempo (Viertelnoten), während bei „kleines Pferdchen" die Schläge doppelt so schnell gespielt werden (Achtelnoten).

Variante

Dieses Spiel ist auch für das Instrument **Handtrommel** (s. S. 40) geeignet. Als Sprechrhythmen bieten sich hier den Mit-Spielliedern (s. S. 42/44) entsprechend an:

ein   Tram   pel   tier
Tram   pel   tier
Wer   klopft?   Wer   klopft?
Wer klopft denn da? Wer klopft denn da?
ein   Bär   ein   Bär
ei   ne Schlan ge ei   ne Schlan ge

Kleines Pferdchen

Nr. 2

Tok, tok, tok, so läuft das Pferd-chen
ü - ber Stock und ü - ber Stein.
Tok, tok, tok, das klei - ne Pferd-chen
will heut' früh zu Hau - se sein.

1. Tok, tok, tok, so läuft das Pferdchen
über Stock und über Stein.
Tok, tok, tok, das kleine Pferdchen
will heut' früh zu Hause sein.

2. Tok, tok, tok, so läuft das Pferdchen
nun im Schritt den Berg hinauf.
Tok, tok, tok, schleicht es ganz langsam,
denn hier geht es steil bergauf.

3. Tok, tok, tok, so läuft das Pferdchen
nun im Trab den Berg hinab.
Tok, tok, tok, wird immer schneller,
denn hier geht es steil bergab.

4. Tok, tok, tok, so läuft das Pferdchen
übers Feld nun im Galopp.
Freut sich schon aufs Abendessen,
lauf nur, Pferdchen, hop, hop, hop.

5. Tok, tok, tok, so springt das Pferdchen,
sein Zuhaus' ist nicht mehr fern.
Heut' gibt's Haferbrei mit Möhren
und das frisst das Pferdchen gern.

Mitspielidee

Übung der Parameter langsam-schnell

Die Kinder begleiten das Lied im Sitzkreis mit ihren Klanghölzern, indem sie auf jede Sprechsilbe (auf jede Viertelnote) einen Schlag spielen. Das Tempo richtet sich dabei nach den Stropheninhalten:
In der 1. Strophe klopfen die Kinder gleichmäßig ruhig. In der 2. Strophe werden sie langsamer, in der 3. schneller, in der 4. noch schneller und in der 5. Strophe halten sie das schnelle Tempo.

Varianten

- Die Kinder teilen sich in zwei Gruppen. Die eine Gruppe begleitet das Lied auf ihren Klanghölzern, während die andere Gruppe durch den Raum läuft und die Bewegungen des Pferdchens den Strophen entsprechend nachahmt.
- Die Kinder laufen mit ihren Klanghölzern durch den Raum. Gleichzeitig ahmen sie die Bewegungen des Pferdchens nach und machen die passenden Hufgeräusche mit den Klanghölzern.
- **Geübtere Kinder** können bei der letzten Strophe jeweils zwei Schläge auf die 1 spielen, um das Springen des Pferdchens besser zu verdeutlichen. Zur Übung sollte zunächst zum gesprochenen Text geklopft werden.

Das Lied vom Specht

Nr. 3

Zu diesem Lied bietet sich als Tierfigur ein kleiner Specht an einem Holzstab an, der sich vom oberen Stabende klopfend nach unten bewegt (im Spielwarengeschäft für ca. € 5,- erhältlich).

Seht, ein klei - ner bun - ter Specht
To - cke - to - cke - to - cke - tock,

klopft an ei - nem gro - ßen Baum.
to - cke - to - cke - to - cke - tock,

Die - ser klei - ne bun - te Specht klopft
to - cke - to - cke - to - cke - to - - - cke -

laut, so laut man glaubt es kaum:
to - cke - to - cke - to - cke - tock.

1. Seht, ein kleiner bunter Specht
   klopft an einem großen Baum.
   Dieser kleine bunte Specht
   klopft laut, so laut man glaubt es kaum:

   Tocke tocke tocke tock,
   tocke tocke tocke tock,
   tocke tocke tocke to-
   cke tocke tocke tocke tock.

2. Doch wenn er dann müde wird,
   merkt es bald der ganze Wald.
   Denn sein Klopfen hört sich dann
   ganz langsam und viel leiser an:

   Tocke tocke tocke tock ...

3. Langsam wird es nun ganz still,
   eingeschlafen ist der Specht.
   Doch dann hört man ziemlich bald
   ein anderes Geräusch im Wald:

   (Schnarchgeräusch)

4. Morgens fängt der Specht sodann
   mit dem Klopfen wieder an.
   Oben auf dem großen Baum
   so laut, so laut man glaubt es kaum:

   Tocke tocke tocke tock ...

Mitspielidee

Übung der Parameter laut-leise, langsam-schnell

Die Kinder ahmen mit den Klanghölzern das Klopfen des Spechtes nach. Sie begleiten dazu den zweiten Teil der Strophen („Tocke tocke tocke tock ..."), indem sie auf jede Sprechsilbe einen Schlag spielen. Dem Text entsprechend spielen die Kinder in der 1. Strophe laut, in der 2. Strophe leise, in der 3. Strophe legen sie den Kopf auf den Handrücken und schnarchen laut und in der 4. Strophe begleiten sie erneut mit lautem Klopfen.

Variante

Geübtere Kinder begleiten jeweils die ganze Strophe mit ihrem Instrument. Dabei schlagen sie gemeinsam mit der Spielleitung gleichmäßige Viertel, also vier Schläge auf einen Takt.

Glöckchen

Bastelaktion

Material: 1 Holzstab (ca. 13 cm lang), Draht (dünn und biegsam, ca. 40 cm lang), Zange, 5 einzelne Glöckchen (aus dem Bastelladen)

Ein Drahtende mithilfe der Zange einige Male um ein Ende des Holzstabs wickeln und das spitze Drahtende unter die Schlaufen schieben.
Die Glöckchen am anderen Drahtende auffädeln.
Das lose Drahtende um das andere Stockende wickeln und die überstehende Spitze wiederum unter die Schlaufen schieben.
Achtung: Die spitzen Drahtenden dürfen nicht an den Seiten herausschauen, sonst besteht Verletzungsgefahr!

Alltagsgegenstände:
Rühren die Kinder mit einem Löffel oder einer Gabel in einem Glas, klingelt das ganz hervorragend!

Klangprobe

Übung zum gemeinsamen Ausprobieren und Experimentieren

Material: 1 einzelnes Glöckchen pro Kind, Schnur
Alter: ab 2 Jahren

Alle Kinder bekommen von der Spielleitung ein einzelnes Glöckchen um das Fuß- oder Handgelenk gebunden. Gemeinsam probieren sie verschiedene Bewegungen aus und horchen, wie ihr Glöckchen dabei klingt: Sie springen, rennen, schleichen, hüpfen auf einem Bein, schütteln ihren Körper durch usw.

Variante

Die Kinder schleichen so vorsichtig durch den Raum, dass ihr Glöckchen möglichst nicht zu hören ist – ohne dass sie dabei das Glöckchen mit der Hand umfassen!

Die Glöckchen am Holzgriff in einer Hand halten und frei in der Luft schütteln oder gegen die andere Hand schlagen.

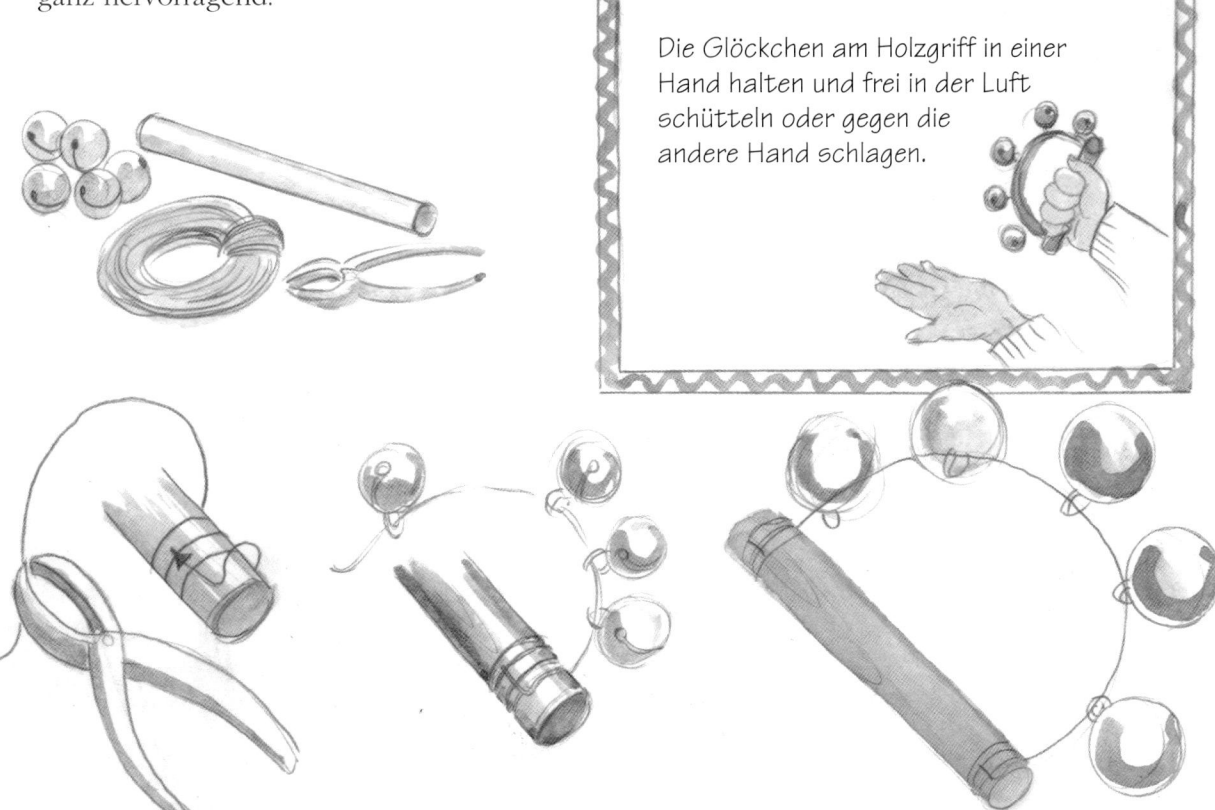

Wo ist Miffi?

Übung für die Konzentrationsfähigkeit und das genaue Hinhören

Material: 4 Glöckchen (Instrumente)
Alter: ab 3 Jahren

Die Spielleitung legt in jede Ecke des Raumes ein Glöckchen. Ein Kind spielt die Katze „Miffi", die stets an ihrem Glöckchen, das sie um den Hals trägt, zu erkennen ist (vgl. Lied „Die Katze Miffi" S. 22). Alle anderen Kinder setzen sich in die Mitte des Raumes auf den Boden und schließen die Augen. Nun schleicht Miffi in eine Ecke und klingelt möglichst leise mit dem Glöckchen. Die anderen Kinder spitzen ihre Ohren und zeigen mit dem Finger in die Ecke, aus der das Klingeln kommt.
Nach zwei oder drei Klingelaktionen bestimmt die Spielleitung eine neue Katze.

Varianten

- Miffi trägt ein Glöckchen möglichst geräuschlos von einer Ecke in eine andere. Wer Miffi hört, zeigt mit dem Finger, wo sie ist. Wer als Erster in die richtige Richtung zeigt, tauscht mit Miffi die Rolle.
- In allen vier Ecken sitzt ein Katzenkind mit einem Glöckchen. Die Spielleitung zeigt an, welches von ihnen klingeln soll und die Kinder in der Mitte zeigen erneut mit geschlossenen Augen in die Richtung des Klingelns.

Glöckchentanz

Übung zur Umsetzung von Musik in Bewegung

Material: 1 einzelnes Glöckchen und 1 Band pro Kind, Musik, z.B. „Das klinget so herrlich" aus Mozarts Zauberflöte
Alter: ab 4 Jahren

Jedes Kind verknotet an seinem Glöckchen ein Band und bindet es sich um das Hand- oder Fußgelenk.
Gemeinsam mit der Spielleitung denken sich die Kinder einen Glöckchentanz zur Musik aus. Als Bewegungselemente eignen sich z.B. die folgenden:
- Alle Kinder bilden einen Kreis, halten sich an den Händen und laufen in Kreisrichtung;
- sie hüpfen mit geschlossenen Beinen am Platz;
- sie strecken einen Fuß zur Mitte und hüpfen auf einem Bein auf der Stelle;
- sie drehen sich um sich selbst;
- sie fassen sich an den Händen und laufen zur Kreismitte, dabei heben sie die Fersen hoch zum Po;
- sie gehen in die Hocke, strecken die Arme hoch in die Luft und schütteln die Hände ...

Je nachdem, ob die Kinder ihr Glöckchen am Hand- oder am Fußgelenk befestigt haben, werden sie feststellen, dass es bei manchen Bewegungen mehr und bei anderen weniger klingt. Welche Bewegungen fallen ihnen ein, bei denen die Glöckchen besonders gut zu hören sind?

1. Die Spinne Rosalinde liebt helle Glöckchenklänge,
   drum fährt sie stets mit ihrem Rad, weil das ganz vorn 'ne Klingel hat:
   Kling-klang, kling-klang hell und klar, das klingt wirklich wunderbar.
   Kling-klang, kling-klang, kling-kling-klang, klingelt sie dann stundenlang.

2. Ja, hat ein Freund Geburtstag, und das kommt häufig vor,
   dann kommt die Spinne aus der Stadt und spielt ihm fröhlich etwas vor:
   Kling-klang, kling-klang hell und klar …

3. Und hat der Floh Geburtstag, spitzt er sein kleines Ohr,
   dann kommt die Spinne mit dem Rad und spielt ihm fröhlich etwas vor:
   Kling-klang, kling-klang hell und klar …

4. Und hat der Frosch Geburtstag, spitzt er sein nasses Ohr,
   dann kommt die Spinne mit dem Rad und spielt ihm fröhlich etwas vor:
   Kling-klang, kling-klang hell und klar …

5. Und hat das Schwein Geburtstag, spitzt es sein rosa Ohr,
   dann kommt die Spinne mit dem Rad und spielt ihm fröhlich etwas vor:
   Kling-klang, kling-klang hell und klar …

Mitspielidee

Übung für gleichmäßiges Spielen und Takt halten

Die Kinder begleiten den Refrain „Kling-klang, kling-klang …" mit ihren Glöckchen, indem sie sie bei jeder Sprechsilbe schütteln.

Varianten

- Die Kinder suchen sich andere Tiere aus, für die geklingelt wird! Dabei macht es besonders viel Spaß, ein passendes Adjektiv für das entsprechende Ohr zu finden und in den Text einzubauen, z.B.: Zebra – gestreiftes Ohr, Schnecke – schleimiges Ohr …
- Besonders gut eignet sich das Lied natürlich auch als Geburtstagsständchen: „Und hat Marie Geburtstag, dann spitzt auch sie ihr Ohr …"

Die Katze Miffi

Nr. 6

1. Die Katze Miffi trägt ein Glöckchen
um den Hals an einem Band.
Deshalb hat das kleine Mäuschen
sie von weitem schon erkannt.

   Denn läuft Miffi durch das Gras,
klingeling, so hört man das. (2 x)

2. Und darum hat das kleine Mäuschen
sich ganz schnell im Loch versteckt.
Katze Miffi schleicht durchs Gras nun
noch hat sie es nicht entdeckt.

   Und schleicht Miffi durch das Gras,
hört man nur ganz leise was. (2 x)

3. Die Miffi wird vom Suchen müde
und schläft ein im hohen Gras.
Mutig schleicht das Mäuschen zu ihr,
heute traut es sich mal was:

   Klaut das Glöckchen von dem Band
und verschwindet unerkannt,
klingelingding, durch das Gras,
klingelingding, welch ein Spaß!

Mitspielidee

Übung für schnelles, lautes und langsames, leises Spielen

Die Kinder begleiten den Refrain möglichst gleichmäßig mit ihren Glöckchen, indem sie zu jeder Sprechsilbe (auf jede Achtelnote) das Glöckchen einmal schütteln. Tempo und Lautstärke richten sich dabei nach dem Text: In der 1. Strophe spielen die Kinder mittelschnell und mittellaut, in der 2. Strophe langsam und leise und in der 3. Strophe laut und schneller werdend.

Hinweis: Passend zu dem Lied können sich die Kinder mit der Spielleitung das Buch „Trulla traut sich" (Anita Jeram, Verlag Sauerländer) ansehen. Das Buch erzählt die Geschichte von der kleinen Maus Trulla, die sich Sachen traut, wozu ihre Freunde viel zu ängstlich sind. Doch eines Tages wird Trulla von ihren Freunden auf die Probe gestellt: Sie soll der Katze das Glöckchen vom Halsband stehlen. Nach erstem Zögern nimmt Trulla all ihren Mut zusammen und lässt sich auf das Abenteuer ein.

Für Kinder ist es sehr spannend, das Abenteuer, von dem sie bereits gesungen haben, noch einmal in Bildern zu sehen. Die Kinder begleiten die Geschichte passend mit ihren Glöckchen.

Rassel

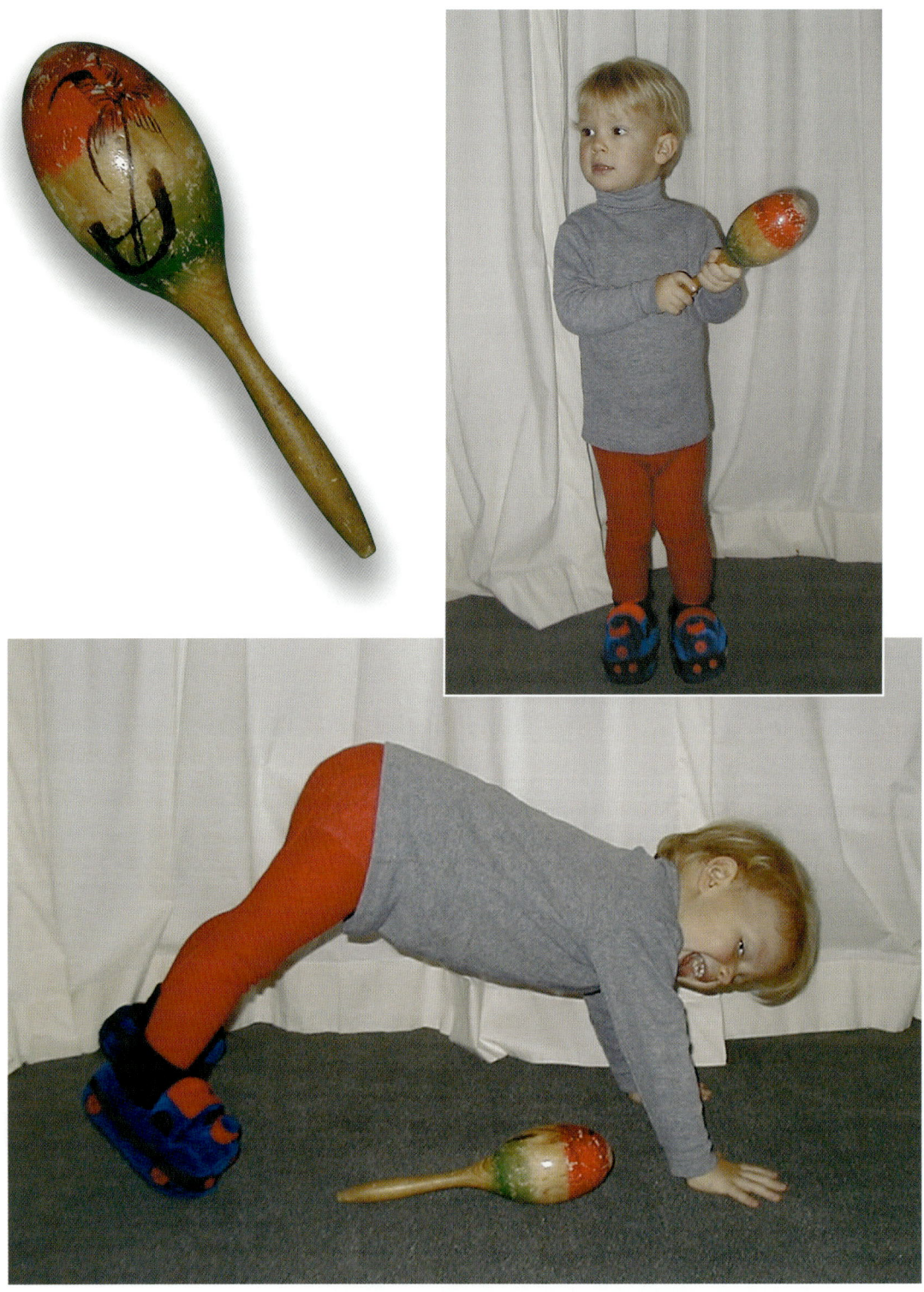

Bastelaktion

Material: 1 Tee-/Gewürz-/Filmdöschen (o.ä. verschließbare kleine Dosen) pro Kind, Füllmaterialien wie Reis, Erbsen, Sand, Zucker, Linsen o. Ä., Trichter, (Bunt-)Papier/bunte Klebefolie, Stifte, Kleber, Schere; evtl. 1 Plastiktrinkflasche (0,5 l) pro Kind, Alufolie

Die Kinder suchen sich eines der Materialien aus und füllen damit ihre Dose. Je voller die Dose, desto dunkler der Klang. Jedes Kind beklebt seine fertige Rassel mit selbstgemalten Bildchen, bunter Klebefolie oder Buntpapierstückchen.

Variante

Für eine große Rassel füllen die Kinder etwas Material in eine Plastiktrinkflasche, umwickeln sie mit Alufolie und bekleben sie bunt.

Die Rassel zwischen Daumen und den anderen Fingern halten und frei in der Luft schütteln (nicht gegen etwas schlagen)!

Schweinchen Rosi: eine kurze Geräuschegeschichte

Eine solche kurze Geschichte bietet sich bei jedem Kapitel als erster Einstieg in ein neues Instrument an (s. S. 6, „Zum Stundenablauf").

Material: Stoffschwein, Rasseln
Alter: ab 2 Jahren

Die Kinder sitzen mit ihren Rasseln im Halbkreis. Die Spielleitung holt ein Stoffschwein aus der Tasche und stellt es vor: „*Das ist Schweinchen Rosi. Wenn Rosi zu euch ‚Hallo' sagt, dann klingt das in der Schweinesprache so:* (Spielleitung grunzt). *Könnt ihr zu Rosi auch in ihrer Sprache ‚Hallo' sagen?* (Kinder grunzen zurück). *Schweinchen Rosi hat eine Lieblingsbeschäftigung: Sie wühlt unheimlich gerne im Schlamm. Das hört sich dann so an:* (Spielleitung stupst das Schwein mit der Nase zum Wühlen auf den Boden und rasselt dazu; die Kinder rasseln mit.) *Wenn Rosi so viel gewühlt hat, ruht sie sich kurz aus.* (Spielleitung legt das Schwein zum Schlafen auf die Seite. Sie legt ihre Rassel vor sich auf den Boden und ihren Kopf auf die Hände, als würde sie schlafen. Die Kinder werden ganz still und ahmen ihre Bewegungen nach). *Aber dann hat Rosi schon wieder Lust zu wühlen!* (Alle rasseln wieder kräftig.) ..."

Die Spielleitung führt den Wechsel von Rasseln und Stille so oft durch, wie die Kinder Spaß und Lust an der Geschichte haben!

1. Schweinchen Rosi geht früh morgens
aus dem Schweinestall hinaus,
und kommt sie dann abends wieder,
sieht sie wie ein Schweinchen aus.

Refrain:
Denn Rosi wühlt so gerne
im braunen, weichen Schlamm
mit ihrer Schweinenase,
das hört sich dann so an:
(Zwischenspiel mit „Grunzgeräuschen")

2. Fragt sie dann das Schweinchen Bertram:
Kommst du mit ins grüne Gras?
Sagt sie: Nein, ich bleib im Schlamm,
denn hier macht baden richtig Spaß!

Refrain

3. Sagt ihr dann das Schwein Luise:
Komm doch mit, wir fressen was!
Schüttelt sie ihr rosa Köpfchen,
wühlen macht ihr viel mehr Spaß.

Refrain

4. Doch wird es dann draußen dunkel,
ruft Mama sie wieder rein.
Müde frisst Rosi zu Abend
und dann schläft sie ganz schnell ein.

Und dann träumt sie vom Wühlen
im braunen weichen Schlamm
mit ihrer Schweinenase,
das hört sich dann so an:

(Zwischenspiel mit „Schnarchgeräuschen")

Mitspielidee

Übung für gleichmäßiges Rasseln

Die Kinder begleiten den Refrain zunächst langsam mit, indem sie ihre Rasseln jeweils auf die 2 und die 4 in jedem Takt schütteln.
Zum Zwischenspiel schütteln sie die Rasseln ganz schnell und wild.
Zum Schluss des Zwischenspiels wird (auf der 1. und 2. Viertelpause) zweimal gegrunzt!

Heut' als ich im Garten war, was glaubt ihr wohl, was ich dort sah?
Unter einem dicken Stein saß ein lustiges Tierlein.
Ja, das war eine winzig kleine Kellerassel,
die spielte grad' mit ihrer Lieblingsrassel,
und das hörte sich dann ungefähr so an:

1. Schripel, schrapel, schripel, schrapel, schrum, schrum, schrum,
   sie drehte sich im Kreis herum. (2 x)

2. Schripel, schrapel, schripel, schrapel, schrum, schrum, schro,
   dann wackelte sie mit dem Po. (2 x)

3. Schripel, schrapel, schripel, schrapel, schrum, schrum, schru,
   sie stampfte mit dem Fuß dazu. (2 x)

4. Schripel, schrapel, schripel, schrapel, schrum, schrum, schru,
   sie hüpfte in die Luft dazu. (2 x)

5. Schripel, schrapel, schripel, schrapel, schrum, schrum, schrum,
   plötzlich machte sie sich ganz krumm. (2 x)

6. Schripel, schrapel, schripel, schrapel, schrum, schrum, schru,
   dann winkte sie mir freundlich zu.
   Auf Wiederseh'n, ich geh' jetzt heim,
   drum lass ich jetzt das Rasseln sein!

Mitspielidee

Übung für begleitendes Rasseln und integrierte Bewegungen

Die Kinder rasseln jeweils zum ersten Teil der Strophe „Schripel, schrapel, schripel, schrapel, schrum, schrum, schrum" und führen die nachfolgenden Bewegungen aus: Sie drehen sich im Kreis, wackeln mit dem Po, stampfen mit dem Fuß usw.

Variante

Geübtere Kinder verbinden das (gleichmäßige) Rasseln mit den verschiedenen Bewegungen.

Triangel

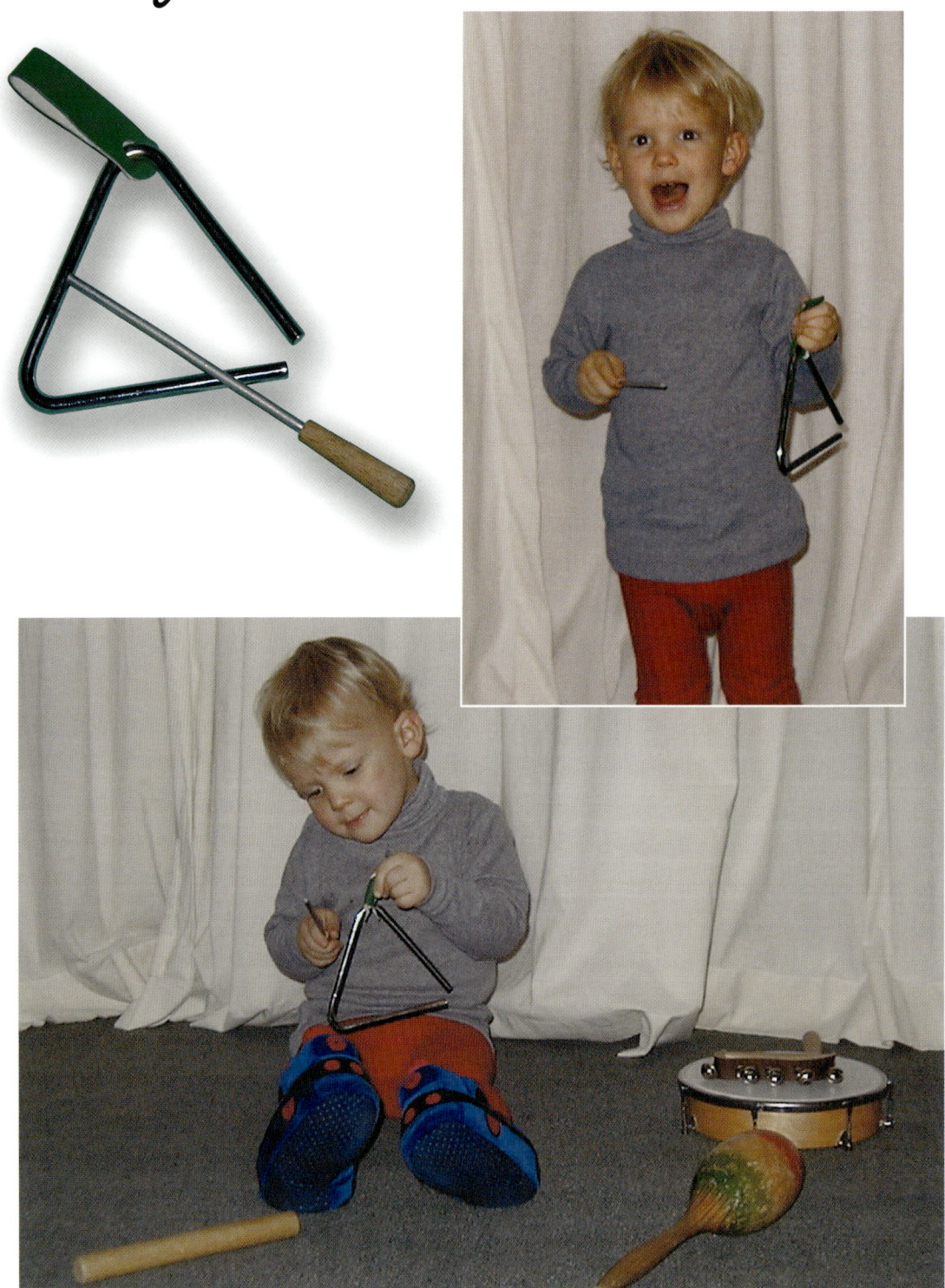

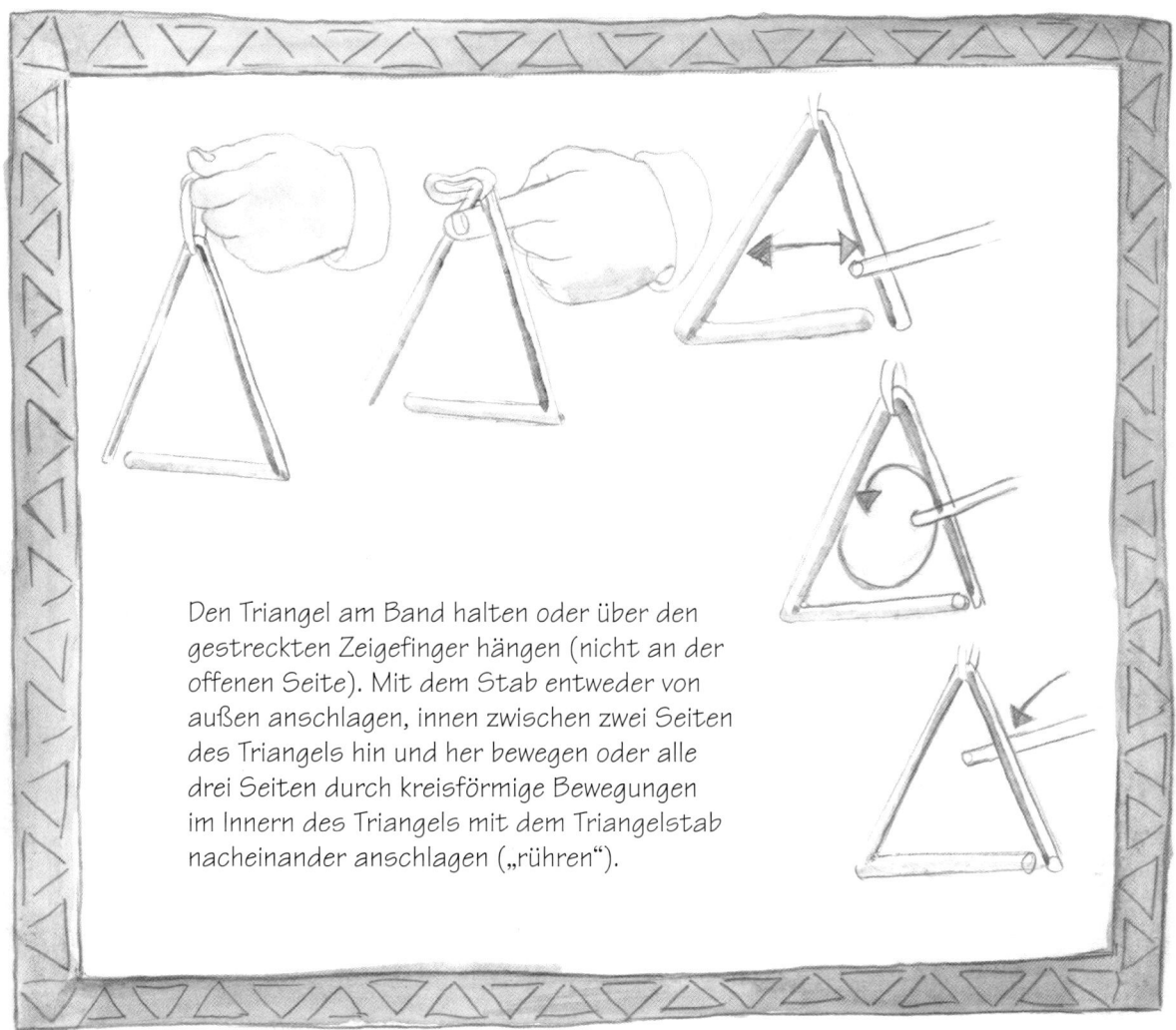

Den Triangel am Band halten oder über den gestreckten Zeigefinger hängen (nicht an der offenen Seite). Mit dem Stab entweder von außen anschlagen, innen zwischen zwei Seiten des Triangels hin und her bewegen oder alle drei Seiten durch kreisförmige Bewegungen im Innern des Triangels mit dem Triangelstab nacheinander anschlagen („rühren").

Heranführung an das Instrument

Kleine Übungen zur korrekten Handhaltung und Spielweise

Material: Triangeln
Alter: ab 2 Jahren

Die Kinder vergleichen verschiedene Spielmöglichkeiten des Triangels:
- Beim Anschlagen lassen sie den Triangel abwechselnd einmal am Band frei hängen und halten ihn einmal direkt mit der Hand am Metall fest.
- Sie reiben mit dem Stab über den Triangel.
- Sie schlagen den Triangel an und lassen den Ton ausklingen oder beenden ihn, indem sie den Triangel mit der Hand berühren.
- Sie schlagen den Triangel abwechselnd von außen und von innen an.
- Sie bewegen den Stab in unterschiedlichen Geschwindigkeiten in einer Ecke zwischen zwei Stäben des Triangels hin und her.

Alltagsgegenstände:
Triangelähnliche Töne entstehen durch sachtes Schlagen mit einem Löffel auf Topfdeckeln oder gegen Gläser.

Lange Klänge

Übung zum genauen Hinhören

Material: 1 Triangel
Alter: ab 2 Jahren

Die Kinder sitzen im Kreis und schließen die Augen. Die Spielleitung schlägt den Triangel an. Wer seinen Klang *nicht* mehr hört, hebt die Hand.

Hinweis: Diese Übung muss in der Regel öfter wiederholt werden, da die Kinder am Anfang meistens schon die Hand heben, sobald sie den Klang hören und nicht erst, wenn er verklungen ist.

Variante

Die Kinder ziehen ihre Schuhe aus und schleichen auf Zehenspitzen durch den Raum. Die Spielleitung schlägt den Triangel an. Ist der Ton verklungen, bleiben die Kinder stehen.
Das Spiel wird besonders spannend, wenn das Instrument mal leise und mal laut gespielt wird.

Bilder-Musik

Übung zum klanglichen Gestalten von Bildern

Material: Geräuschebilder (s. Abbildungen), Triangeln
Alter: ab 3 Jahren

Die Geräuschebilder werden von den Abbildungen vergrößert kopiert und auf dem Boden verteilt. Die Spielleitung wählt ein Bild aus und hält es hoch. Die Kinder ahmen gemeinsam das dargestellte Geräusch mit dem Triangel nach.

Variante

Haben die Kinder alle Bilder mit den Triangeln umgesetzt, werden alle Bilder wieder in die Kreismitte gelegt. Reihum stellt nun jedes Kind auf seinem Triangel eines der Bilder dar. Die anderen Kinder raten, zu welchem Bild die Klänge gehören.

Hinweis: Das Ticken verschiedener Uhren können die Kinder zusätzlich sehr schön anhand des Liedes „Große Uhren" von Karl Karow (M. Austermann, G. Wohlleben: „Zehn kleine Krabbelfinger – Spiel und Spaß mit unseren Kleinsten", Kösel Verlag) nachvollziehen und umsetzen. Die Spielleitung singt dazu das Lied vor und die Kinder ahmen die unterschiedlichen Uhrengeräusche auf ihren Triangeln nach.

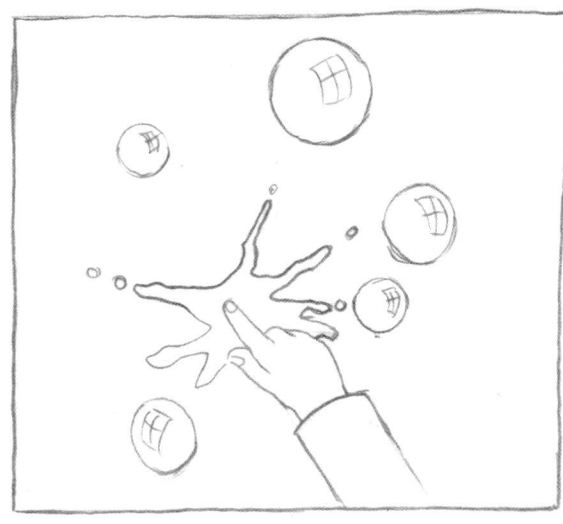

1. Hörst du die Delfine blinzeln,
   wenn sie sanft durchs Wasser zieh'n,
   und auf ihrem kühlen Wege
   tanzend durch die Wellen geh'n.

2. Hörst du die Delfine lächeln,
   wenn sie ihre Kreise zieh'n,
   auf- und abwärts durch die Wellen
   ihre grauen Schatten geh'n.

3. Hörst du die Delfine schlafen,
   wenn der Tag im Meer versinkt,
   und über ihrem blauen Bettchen
   der gute Mond am Himmel blinkt.

4. Hörst du wie die Tropfen kitzeln
   auf den grauen Nasenspitzen,
   wenn sie aus dem Meere blicken,
   um sich freundlich zuzunicken.

Mitspielidee

Übung für feines, zartes Spielen

Als Vorübung für die Liedbegleitung ahmen die Kinder zarte Geräusche mit dem Triangel nach: Blinzeln, Lächeln, Schlafen, das Kitzeln der Tropfen.
Singen sie gemeinsam mit der Spielleitung das Lied, spielen sie textgestaltend an den passenden Stellen leise Klänge mit ihren Triangeln, z.B. bei „blinzeln", „tanzend", „lächeln", „schlafen", „blinkt", „kitzeln", „zuzunicken".

Varianten

- Haben sich die Kinder auf die feinen Klänge eingespielt, begleiten sie das Lied mit möglichst zarten Triangelschlägen jeweils auf die 1 und die 3.
- Spielen die Kinder das Lied mithilfe der zugehörigen CD, begleiten sie auch die Zwischenspiele auf der 1 und der 3.

Die Fliege und der Fliegenpilz

Nr. 12

1. Die Fliege und der Fliegenpilz
   verstehen sich sehr gut,
   die Fliege setzt sich nämlich gern
   auf seinen roten Hut.

Refrain:
Und das hat einen guten Grund:
Sie springt so gern von Punkt zu Punkt.
Horcht man dann leis' am Tupfenhut,
hört man die Fliegensprünge gut:
Ting, ting, ting, ting, ting, ting, teding. (4 x)

2. Fängt es nun leicht zu regnen an,
   klettert die Fliege runter
   und stellt sich für die Regenzeit
   beim Fliegenpilz dann unter.

Refrain:
Und das hat einen guten Grund:
Der Regen springt von Punkt zu Punkt.
Horcht man dann leis' am Tupfenhut,
hört man die Regentropfen gut:
Ting, ting, ting, ting, ting, ting, teding. (4 x)

3. Und hört der Regen endlich auf,
   geht es von vorne los:
   Die Fliege klettert wieder rauf,
   dann ist die Freude groß.

Refrain:
Und das hat einen guten Grund:
Sie pitscht und patscht von Punkt zu Punkt.
Mit ihren Gummistiefeln an
hört man, wie gut sie hüpfen kann:
Ting, ting, ting, ting, ting, ting, teding. (8 x)

Mitspielidee

Übung für gleichmäßiges, schnelles Spielen

Die Kinder begleiten jeweils den zweiten Teil des Refrains „Ting, ting, ting, ting, ting, ting, teding ..." auf ihren Triangeln, indem sie auf jede Sprechsilbe, also auf jedes „ting", einen Schlag spielen.

Varianten

- Einige Kinder begleiten das Lied mit der Triangel, die anderen ahmen entsprechend den Strophen die Fliege nach: Sie hüpfen von einem Bein auf das andere, formen mit ihren Händen ein Dach über dem Kopf und springen mit beiden Beinen in Pfützen.
- Ergänzend singt die Spielleitung mit den Kindern das bekannte Volkslied „Ein Männlein steht im Walde" von Hoffmann von Fallersleben.

Handtrommel

Bastelaktion

Material: 1 Tonblumentopf (Ø ca. 13 cm), Finger- oder Wasserfarbe und Pinsel, 1 Bogen Elefantenhaut (DIN A 4, Stärke 190), 2–3 Gummiringe, Schere

Den Blumentopf mit Finger- oder Wasserfarben bemalen und trocknen lassen.
Die Elefantenhaut auf die Öffnung des Blumentopfes legen und über den Rand gleichmäßig nach unten abknicken.
Die gespannte Elefantenhaut mit den Gummiringen am Topf befestigen.
Das unterhalb der Gummiringe heraus ragende Elefantenpapier rings herum abschneiden, damit der bemalte Topf gut sichtbar ist.

Alltagsgegenstände:
Trommeln kann man fast überall! Auf umgedrehten Töpfen und Eimern, der Bauklotzkiste oder einfach auf der Tischplatte!

Die Trommel mit einer Hand festhalten, ohne auf die Bespannung zu fassen. Mit der anderen Hand wird (ohne Schlägel!) getrommelt.
Für einen langen Klang die Trommel kurz mit der flachen Hand oder den Fingerspitzen anschlagen und die Hand sofort wieder von der Trommel heben, für einen kurzen Klang (staccato) die Hand nach dem Schlag auf der Trommel liegen lassen.

Heranführung an das Instrument

Material: Trommeln
Alter: ab 2 Jahren

Die Kinder experimentieren nach Herzenslust auf ihrer Trommel: Sie trommeln
- auf dem Trommelrand,
- in der Mitte der Trommel,
- mit der flachen Hand,
- mit den Fingerspitzen,
- mit der hohlen Hand (Fingerspitzen und Handballen) ...
- mit der flachen Hand und lassen abwechselnd die Hand nach dem Schlag auf der Trommel liegen oder nehmen sie gleich wieder hoch.

Hinweis: Für weiterführende Spielideen s. Varianten auf S. 10/11 zu den Spielen „Regenschauer" und „Echoklang".

Klanggeschichte: Der kleine Bär

Übung zur klanglichen Gestaltung von Geschichten

Material: Trommeln, Stoffbär
Alter: ab 2 Jahren

Die Kinder setzen sich in den Kreis und legen ihre Trommeln vor sich auf den Boden. Die Spielleitung setzt den Stoffbären in die Kreismitte und erzählt oder liest die folgende Geschichte:

„*Es ist noch früh am Morgen, als der kleine Bär aufwacht. Verschlafen öffnet er ein Bärenauge* (mit einem Finger auf die Trommel tippen). *Dann öffnet er auch das zweite Auge* (wdh.) *und kratzt sich mit der Tatze sein Fell* (mit den Fingern über die Trommel kratzen). *Nun reckt und streckt sich der kleine Bär* (Kinder recken und strecken sich). *Er schiebt seine Bettdecke zur Seite* (mit der flachen Hand über die Trommel wischen) *und springt aus dem Bett* (kräftiger Trommelschlag mit der Faust). *Durch das Fenster lacht ihm schon die Sonne entgegen! Schnell zieht sich der kleine Bär an und läuft in den Garten hinaus* (mehrere Trommelschläge hintereinander mit den Fingern). *Mit einem großen Satz springt er in den Sandkasten* (Trommelschlag mit der flachen Hand) *und auf der anderen Seite gleich wieder hinaus* (wdh.). *Nun rennt er über die große Wiese* (viele schnelle Trommelschläge mit den Fingern). *Er wird immer schneller, schneller und noch schneller* (entsprechende Trommelschläge mit beiden Händen), *bis er schließlich erschöpft ins Gras plumpst* (Trommelschlag mit der flachen Hand). *Was für ein herrlicher Tag, denkt er und streckt alle Viere von sich* (die Kinder lassen sich auf den Rücken fallen und strecken alle Viere von sich).“

Variante

Die Kinder denken sich gemeinsam mit der Spielleitung zusätzliche Bewegungen und dazu passende Trommelklänge aus, z.B.: Der Bär hüpft über die Wiese, er lässt sich einen Berg hinunter kullern, er schlurft durchs hohe Gras …

Wer klopft denn da?

1. Wer klopft denn da, wer klopft denn da, wer klopft an meine Tür?
   Es ist ein Elefant, jetzt hab' ich ihn erkannt!

2. Wer klopft denn da, wer klopft denn da, wer klopft an meine Tür?
   Es ist ein kleines Mäuschen, das möchte in mein Häuschen.

3. Wer klopft denn da, wer klopft denn da, wer klopft an meine Tür?
   Es ist Familie Käferklein, die schau'n bei mir zum Fenster rein.

4. Wer klopft denn da, wer klopft denn da, wer klopft an meine Tür?
   Es ist die kleine Katze, klopft mit der weichen Tatze.

5. Wer klopft denn da, wer klopft denn da, wer klopft an meine Tür?
   Es ist das Huhn von nebenan, das besucht mich dann und wann.

6. Wer klopft denn da, wer klopft denn da, wer klopft an meine Tür?
   Es ist die Riesenschlange, auf die wart' ich schon lange.

7. Wer klopft denn da, wer klopft denn da, wer klopft an meine Tür?
   Es ist der dicke Bär, kommt immer Sonntags her.

8. Wer klopft denn da, wer klopft denn da, es ist doch schon so spät!
   Jetzt will ich meine Ruh', drum bleibt die Türe zu!

Mitspielidee

Übung zum Ausprobieren verschiedener Spielmöglichkeiten

Material: evtl. verschiedene Stofftiere

Die Spielleitung singt gemeinsam mit den Kindern das Lied. Passend dazu ahmen die Kinder auf der Trommel die Klopfgeräusche nach:

Elefant:	lautes Patschen mit der flachen Hand
Maus:	leises Tippen mit einem Finger
Käfer:	mit allen zehn Fingern über die Trommel kribbeln und krabbeln
Katze:	sanftes Klopfen mit der Faust
Huhn:	Kratzen mit den Fingernägeln (Scharren) oder Tippen mit dem Zeigefinger (Picken)
Schlange:	mit der flachen Hand über die Trommel wischen (Zischen)
Bär:	lautes Klopfen mit der Faust

Varianten

- Am Ende des Liedes überlegen die Kinder gemeinsam, wer da wohl zuletzt geklopft hat. Zu den unterschiedlichen Vorschlägen der Kinder werden zusätzliche Strophen gesungen: „Das Krokodil / das Schwein / das Pferd / ... besucht mich jetzt, das kommt immer zuletzt!"
  Auch hier überlegen sich die Kinder passende Klopfgeräusche und ahmen sie auf der Trommel nach.
- **Ältere Kinder** begleiten zusätzlich die Strophen mit Trommelschlägen mit der flachen Hand auf der 1 und der 3.
- Die Spielleitung setzt verschiedene Stofftiere in die Kreismitte (die Tiere müssen nicht mit denen aus dem Lied identisch sein). Jeweils ein Kind ahmt ein Klopfgeräusch eines Tieres auf seiner Trommel nach. Die anderen Kinder raten, welches Tier da wohl angeklopft hat. Wer richtig rät, spielt als Nächster ein Klopfgeräusch vor.

1. Ein kleines braunes Trampeltier spaziert so durch das Land,
   es trampelt dort, es trampelt hier im heißen Wüstensand.
   Eins, zwei, drei, vier Trampelfüße trampeln hier,
   Tri-Tra-Trampeltier wir trampeln heut' mit dir!

2. Da kommt ein zweites Trampeltier und ruft ganz laut: Hallo!
   Ich zeig mal, wie ich rennen kann, das geht dann nämlich so:
   Eins und zwei und drei und vier Trampelfüße rennen hier,
   Tri-Tra-Trampeltier wir rennen heut' mit dir.

3. Da kommt ein drittes Trampeltier und gähnt erst mal ganz lang: Huah!
   Dann sagt es: Schaut doch mal zu mir, wie gut ich schleichen kann.
   Eins, zwei, drei, vier Trampelfüße schleichen hier,
   Tri-Tra-Trampeltier wir schleichen heut' mit dir.

4. Da kommt ein viertes Trampeltier und lacht sie freundlich an: Hihi!
   Dann sagt es: Schaut doch mal zu mir, wie gut ich hüpfen kann.
   Eins, zwei, drei, vier Trampelfüße hüpfen hier,
   Tri-Tra-Trampeltier wir hüpfen heut' mit dir.

5. Die Trampeltiere schau'n sich an und müssen plötzlich lachen,
   was jeder von ihnen kann, woll'n sie nun alle machen:
   Eins, zwei, drei, vier Trampeltiere trampeln hier,
   Eins und zwei und drei und vier Trampeltiere rennen hier,
   Eins, zwei, drei, vier Trampeltiere schleichen hier,
   Eins, zwei, drei, vier Trampeltiere hüpfen hier.

Hinweis: Die Viertelnoten in den ersten beiden Takten der 4. Notenzeile gelten nur für den Text der 2. Strophe, sonst werden immer die halben Noten gesungen.

Mitspielidee

Übung für leises / lautes, langsames / schnelles Spielen

Die Kinder konzentrieren sich zunächst auf die verschiedenen Parameter (laut / leise, langsam / schnell) und trommeln ausschließlich mit der flachen Hand. Sie begleiten das Lied mit entsprechenden Trommelschlägen:

1. Strophe: langsames, lautes Trommeln auf der 1 und der 3
2. Strophe: schnelles Trommeln mit einem Schlag auf jeder Sprechsilbe
3. Strophe: langsames, leises Trommeln auf der 1 und der 3
4. Strophe: gleichmäßige, aber kurze, prägnante Trommelschläge (staccato) auf der 1 und der 3
5. Strophe: alle verschiedenen Trommelschläge hintereinander

Varianten

- Einige Kinder ahmen die Schritte der Trampeltiere auf der Handtrommel nach, die anderen trampeln, rennen, schleichen und hüpfen wie die Trampeltiere. Beim Trampeln und Schleichen legen sie die Hände auf die Knie. Anschließend wird gewechselt.
- **Geübtere Kinder** begleiten das Lied mit den entsprechenden Trommelschlägen und probieren dabei verschiedene Spielweisen aus:

    1. Strophe: langsames, lautes Trommeln auf der 1 und der 3 mit der flachen Hand
    2. Strophe: schnelles Trommeln mit einem Schlag auf jeder Sprechsilbe mit den Fingerspitzen
    3. Strophe: langsames, leises Trommeln auf der 1 und der 3 mit der hohlen Hand
    4. Strophe: gleichmäßige, aber kurze, prägnante Trommelschläge (staccato) auf der 1 und der 3 mit den Fingerspitzen, die nach dem Schlag sofort wieder von der Trommel abgestoßen werden
    5. Strophe: alle verschiedenen Trommelschläge hintereinander

Mitspiel-Aktionen für alle Orff-Instrumente

Instrumenten-Pantomime

Übung zur Wiederholung der korrekten Handhaltung der Instrumente

Material: verschiedene Orff-Instrumente
Alter: ab 2 Jahren

Die Kinder setzen sich in einen Kreis. In der Mitte werden alle bekannten Orff-Instrumente bereit gelegt. Ein Kind beginnt und spielt pantomimisch eines der Instrumente. Die anderen Kinder raten, welches Instrument es sich ausgesucht hat. Zur Überprüfung wird das erratene Instrument gespielt und mit der Pantomime verglichen. Wer als Erster das richtige Instrument nennt, spielt die nächste Pantomime vor.

Holz oder Metall?

Übung zur Wiederholung der unterschiedlichen Materialien

Material: verschiedene Orff-Instrumente
Alter: ab 4 Jahren / geübtere Kinder

Die Kinder sitzen im Kreis, alle Orff-Instrumente liegen in der Mitte.
Die Spielleitung ruft ein Kind auf, das sich ein Instrument aussucht. Dafür gibt sie eine bestimmte Eigenschaft vor, die das Instrument besitzen muss, z.B. ein Instrument, ...
- bei dem Holz klingt (Klanghölzer),
- das geschüttelt wird (Glöckchen und Rassel),
- bei dem Metall klingt (Triangel),
- bei dem Fell bzw. Papierhaut klingt (Handtrommel).

Variante

Haben alle Kinder ein passendes Instrument ausgesucht, wird das Spiel in der Gruppe durchgeführt. Dazu fordert die Spielleitung diejenigen Kinder zu spielen auf, deren Instrument eine bestimmte Eigenschaft besitzt, z.B.: *„Ich möchte alle Instrumente hören, bei denen Holz klingt"* usw.

Hinweis: Diese Übung kann einige Male wiederholt werden. Wichtig ist, dass die Instrumente zwischendurch immer wieder unter den Kindern getauscht werden.

Welches Instrument fehlt?

Übung zur Konzentration und Wiederholung der Instrumentennamen

Material: verschiedene Orff-Instrumente (in einfacher Ausführung)
Alter: ab 3 Jahren

Alle Kinder sitzen im Kreis. In der Kreismitte liegen unterschiedliche Orff-Instrumente.
Die Kinder prägen sich die Instrumente gut ein, bevor sie sich auf den Bauch legen, die Augen schließen und das Gesicht in den Handflächen vergraben, damit sie wirklich nichts mehr sehen können.
Die Spielleitung nimmt leise ein Instrument weg und versteckt es. Die Kinder öffnen die Augen und schauen blitzschnell zur Kreismitte. Wer als Erster ruft, welches Instrument fehlt, versteckt in der nächsten Runde.

Hinweis: Damit die Kinder (z.B. bei den Glöckchen) nicht hören, welches Instrument weggenommen und versteckt wird, summen sie währenddessen ein Lied.

Varianten

- Es werden zwei oder mehr Instrumente versteckt oder eines kommt hinzu.
- Die Instrumente werden in einer Reihe oder im Kreis hingelegt. Die Spielleitung bzw. ein Kind vertauscht die Plätze zweier Instrumente miteinander.

Mein rechter, rechter Platz ist frei

Übung zur Wiederholung der Instrumentennamen und der Handhaltung

Material: Unterschiedliche Orff-Instrumente (1 pro Kind)
Alter: ab 3 Jahren

Jedes Kind sucht sich eines der Instrumente aus und alle setzen sich mit ihren Instrumenten in einen Stuhlkreis. Ein Platz bleibt leer.
Das Kind, welches links neben dem leeren Platz sitzt, wünscht sich mit dem folgenden Spruch ein Instrument herbei: *„Mein rechter, rechter Platz ist frei, ich wünsche mir die Handtrommel herbei."* Das Kind mit der Handtrommel stellt sein Instrument kurz vor, indem es einen kurzen Rhythmus trommelt, wechselt den Platz und schon ist der Nächste an der Reihe, dessen rechter Platz frei geworden ist. Nach einiger Zeit tauschen die Kinder ihre Instrumente.

Hinweis: Spielen mehr Kinder mit, als verschiedene Instrumente vorhanden sind, werden manche Instrumente doppelt vergeben. Nun kommt es darauf an, möglichst schnell zu reagieren: Wer den ersten Ton auf dem herbei gewünschten Instrument spielt, darf den Platz wechseln.

Instrumente erhören

Übung zur Unterscheidung und Zuordnung der verschiedenen Klänge

Material: verschiedene Orff-Instrumente
Alter: ab 2 Jahren

Die Kinder sitzen im Halbkreis, vor ihnen liegen verschiedene Orff-Instrumente. Alle Kinder schließen die Augen und drehen sich um. Die Spielleitung spielt eines der Instrumente und legt es wieder zurück an seinen Platz. Die Kinder drehen sich wieder zurück und rufen den Namen des Instruments, das sie gehört haben.

Varianten

- **Weniger geübte Kinder** zeigen mit dem Finger auf das jeweilige Instrument, das sie gehört haben, wenn ihnen der Name so schnell nicht einfällt.
- **Geübtere Kinder** sitzen während des ganzen Spiels mit geschlossenen Augen und mit dem Rücken zu den Instrumenten und müssen „blind" das Instrument nennen, das die Spielleitung spielt.

Klänge vergleichen

Übung zur Wahrnehmung unterschiedlicher Klangdauer

Material: verschiedene Orff-Instrumente
Alter: ab 4 Jahren / für geübtere Kinder

Die Kinder sitzen im Kreis und in der Mitte liegen die verschiedenen Orff-Instrumente.
Die Spielleitung spielt jeweils ein Instrument auf zwei unterschiedliche Weisen. Die Kinder entscheiden, welcher der beiden Klänge länger zu hören war. Zum Beispiel:

- Die **Trommel** einmal kurz und kräftig mit den Fingerspitzen anschlagen (Trommel klingt etwas nach) und einmal mit der flachen Hand anschlagen und die Hand auf dem Fell liegen lassen (Klang ist sofort weg).
- Den **Triangel** anschlagen und den Ton einmal ausklingen lassen und einmal mit der Hand stoppen.
- Die **Glöckchen** kräftig schütteln und einmal danach sofort mit der Hand stoppen, einmal ausklingen lassen. Hier müssen die Kinder schon genau hinhören: Ist der gestoppte Klang wirklich kürzer?

Zum Schluss überlegen die Kinder gemeinsam: Mit welchen Instrumenten kann ich ganz kurze Klänge erzeugen, mit welchen ganz lange?

Hinweis: Bei den ersten Hörübungen schließen die Kinder die Augen, damit sie sich besser auf die Klänge konzentrieren können. Später öffnen sie die Augen und probieren gemeinsam mit der Spielleitung die unterschiedlichen Instrumente noch einmal aus.

Musikfest im Zoo

Refrain:
Im Zoo, im Zoo, da tanzt heut' der Bär,
die Affen geh'n im Walzerschritt und selbst das Nilpferd tanzt gern mit.
Die Tiere machen heut' Musik, kommt und spielt doch mit!

1. Der Löwe ist als erster dran, er zeigt uns, was die Trommel kann:
   Pam-padam, pam, pam, pam, pam, pam-padam, pam, pam.

2. Im Zoo, im Zoo, da tanzt heut' der Bär.
   Das Nilpferd spielt als zweites dann Triangel, das hört sich gut an:
   Tim-bedim, dim, dim, dim, dim, tim-bedim, dim, dim.

Refrain

3. Als dritter ist der Bär nun dran, er zeigt uns, wie er rasseln kann:
   Schrum, schrum, schrum, schrum, schrum, schrum, schrum,
   schrum, schrum, schrum, schrum, schrum.

Refrain

4. Der Affe ist als vierter dran, so hören sich die Glöckchen an:
   Klingeling, ding, ding, ding, ding, klingeling, ding, ding.

5. Im Zoo, im Zoo, da tanzt heut' der Bär.
   Als fünftes spielt das Zebra dann mit Klanghölzern so gut es kann:
   Tocke, tocke, tocke, tock, tocke, tocke, tock.

Mitspielidee

Übungen für gleichmäßiges Spielen

Die Kinder begleiten gemeinsam den Refrain „Im Zoo, im Zoo ..." mit allen Instrumenten auf der 1 und der 3. Bei den einzelnen Strophen ist jeweils ein Kind an der Reihe und stellt sein Instrument vor. Hier ist es besonders schön, wenn das Kind erst im zweiten Teil der Strohe einsetzt, also auf „Pam-padam" oder „Tim-bedim" ...

Variante

Die Kinder überlegen sich weitere Zootiere und dazu passende Instrumente (vielleicht stehen noch weitere Orff-Instrumente zur Verfügung, z.B. Tamburin, Schellenbaum, Schellenring, Agogos o.Ä.?) und dichten weitere Strophen zum Lied, z.B.: „Als sechstes ist der Tiger dran, er zeigt uns, was der Schellenbaum kann: Schring, schring, schring ..."

1. Schäfchen Fluse und Schäfchen Flocke,
   ja die machen gern Musik!
   Schäfchen Fluse spielt dann Trommel
   und Schäfchen Flocke rasselt mit.

Refrain:
Alle andern Tiere tanzen dann dazu
und singen fröhlich schubidubidu,
schubidubidu, schubidubidu, schubidubidu-bi-dubidubidu,
schubidubidu, schubidubidu, schubidubidu-bi-du.

2. Schäfchen Fluse und Schäfchen Flocke,
   ja die machen gern Musik!
   Schäfchen Fluse spielt Triangel
   und Schäfchen Flocke klingelt mit.

Refrain:
Alle andern Tiere hüpfen dann dazu
und singen fröhlich schubidubidu ...

3. Schäfchen Fluse und Schäfchen Flocke,
   ja die machen gern Musik!
   Schäfchen Fluse spielt Klanghölzer
   und Schäfchen Flocke trommelt mit.

Refrain:
Alle andern Tiere stampfen dann dazu ...

Spielidee

Übung für gleichmäßiges Spielen

Zwei Kinder sind Schäfchen Fluse und Schäfchen Flocke und suchen sich jeweils ein Instrument aus, die anderen singen das Lied und bewegen sich dazu im Kreis und „tanzen", „hüpfen" oder „stampfen" dem Liedtext entsprechend.
Die beiden „Schäfchen" begleiten das Lied (möglichst) rhythmisch auf der 1 und der 3. Schäfchen Fluse setzt dazu erst an der Textstelle „Schäfchen Fluse spielt ..." ein und Schäfchen Flocke spielt ab der Stelle „... und Schäfchen Flocke ... mit".

Varianten

- Je nachdem welche Instrumente zur Verfügung stehen, können die Kinder diese in eigene neue Strophen einsetzen und sich dazu Bewegungen ausdenken, z.B.: „Schäfchen Fluse spielt Agogo und Schäfchen Flocke klingelt mit. Alle andern Tiere drehen sich dazu ...".
- Zwei **geübtere Kinder** sind „Fluse" und „Flocke". Die anderen Kinder legen heimlich fest, in welcher Reihenfolge sie die Strophen singen und beziehen evtl. neue Strophen mit ein. Im Kreis singen sie gemeinsam mit der Spielleitung das Lied. Sobald die Kinder die beiden Instrumente gesungen haben (entsprechende Textstellen), suchen Fluse und Flocke diese spontan heraus und beginnen die anderen zu begleiten.

Klanggeschichte: Heut' geh'n wir auf Löwenjagd ⦿ Nr. 19

Übung für das Instrumentenspiel in verschiedenen Lautstärken und Tempi

Material: verschiedene Orff-Instrumente, Stofflöwe, 1 Sack; evtl. Kassettenrekorder, 1 Leerkassette
Alter: ab 2 Jahren

Alle Kinder sitzen im Kreis, die Orff-Instrumente liegen in der Kreismitte. Die Spielleitung hält den Löwen im Sack versteckt hinter ihrem Rücken bereit und erzählt, liest oder spielt die folgende Geschichte von der CD vor:

„*Heut' geh'n wir auf Löwenjagd – geht ihr mit? Dann müssen wir ganz leise sein!* (die Spielleitung erzählt nun flüsternd) *Wir nehmen einen großen Sack und schleichen damit durchs hohe Gras* („Schlurfgeräusche" auf der Trommel), *laufen über eine Holzbrücke* (Klanghölzer) *und stapfen einen hohen Berg hinauf* (Trommel) *– bis ganz oben hin* (Trommel). *Von hier aus können wir weit sehen. Wir schauen nach links* (eine Hand Ausschau haltend an die Stirn legen) *und nach rechts* (wdh.) *– doch da* (Spielleitung deutet mit dem Finger auf etwas), *seht nur: ein Löwe! Er liegt im Gras und schläft* (Schnarchgeräusche). *Leise schleichen wir zu ihm hinunter* (leises Kratzen über die Trommel). *Plötzlich hören wir ein Geräusch* (Rassel). *Was war das? Eine Klapperschlange verschwindet neben uns im Gebüsch* (Rassel). *Der Löwe schläft weiter* (Schnarchgeräusche, dann erleichtertes Seufzen).
Wir schleichen näher (leises Kratzen über die Trommel) *und näher* (wdh.) *und setzen uns vor seine Nasenspitze. Mit dem kleinen Finger berühren wir vorsichtig ein Barthaar* (leiser Triangelschlag). *Sollen wir ihn mal erschrecken?* (alle zählen gemeinsam ‚eins, zwei, drei' und brüllen ‚Huaaah'!) *Schnell werfen wir dem aufgeschreckten Löwen unseren Sack über, schnüren den Sack zu und laufen mit ihm nach Hause: den Berg hinauf* (Trommel) *und wieder herunter* (Trommel), *über die Holzbrücke* (Klanghölzer) *und durch das hohe Gras* („Schlurfgeräusche" auf der Trommel). *Vor unserer Haustür setzen wir erschöpft den schweren Sack ab* (dumpfer Trommelschlag). *Puh, war das anstrengend* (tief durchatmen und Schweiß abwischen)!
Sollen wir den Sack jetzt mal öffnen? (die Spielleitung zieht hinter ihrem Rücken den Sack hervor und holt den Stofflöwen heraus)"

Beim ersten Erzählen der Geschichte überlegt die Spielleitung gemeinsam mit den Kindern, mit welchen Instrumenten sie die jeweiligen Geräusche am besten nachahmen können. Die Instrumente werden so während der Geschichte an einzelne Kinder verteilt – natürlich können dabei mehrere Kinder das gleiche Instrument übernehmen.

Die Kinder achten bei ihren Einsätzen darauf, dass sie im ersten Teil der Geschichte, während des Anschleichens, leise und langsam spielen und auf dem Rückweg mit dem Löwen im Sack schnell und laut.

Hinweis: Beim ersten Probedurchlauf erzählt die Spielleitung die Geschichte nur bis zu der Stelle „Puh, das war anstrengend". Erst beim zweiten Durchgang erzählt sie die Geschichte zu Ende und lässt den Löwen als Überraschung aus dem Sack!

Zum Abschluss singen die Kinder für den gefangenen Löwen das Lied „Heute werd' ich einen Löwen fangen" (s. S. 58)!

Variante

Besonderen Spaß macht es den Kindern, wenn die Geschichte auf Kassette aufgenommen wird. Bei den „Proben" dafür werden die Instrumente immer mal wieder getauscht.

1. Heute werd' ich einen Löwen fangen, das wollt' ich schon lange.
   Einen richtig großen Löwen fangen, ich bin gar nicht bange.
   Einen mit 'ner Zottelmähne und mit schrecklich langen Zähnen.
   Einen mit ganz scharfen Krallen werd' ich mit nach Hause nehmen.

Refrain:
La, la, la, la, la, la, la, zu Hause will ich ihn befreien, wir werden uns gut verstehen.
Stark und stark gesellt sich gern, ihr werdet's schon alle sehen!

2. Mutig werde ich mich an ihn schleichen und ihn dann erschrecken: Huah!
   Ganz geschickt ihm seine Füße fesseln und ins Säcklein stecken.
   Später will ich ihn befreien, wir werden uns gut verstehen.
   Stark und stark gesellt sich gern, ihr werdet's schon alle sehen!

Refrain

Mitspielidee

Die Kinder führen zum Lied die folgenden Bewegungen aus:

1. „Heute werd' ich einen Löwen fangen, das wollt' ich schon lange." (mit den Fingern Krallen formen und fauchen)

„Einen richtig großen Löwen fangen, ich bin gar nicht bange." (große, ausholende Armbewegung)

„Einen mit 'ner Zottelmähne ..." (Kopf schütteln)

„... und mit schrecklich langen Zähnen." (mit beiden Zeigefingern lange Vampirzähne darstellen)

„Einen mit ganz scharfen Krallen werd' ich mit nach Hause nehmen." (Krallen machen)

2. „Mutig werde ich mich an ihn schleichen ..." (mit den Händen schleichende Schritte darstellen)

„... und ihn dann erschrecken: Huah!" (Arme hochreißen und ‚Huah' brüllen)

„Ganz geschickt ihm seine Füße fesseln ..." (Handgelenke überkreuzen)

„... und ins Säcklein stecken." (mit den Händen einen großen Sack beschreiben)

„Später will ich ihn befreien, ..." (Handgelenke noch einmal kurz überkreuzen, dann Arme ruckartig auseinander reißen)

„... wir werden uns gut verstehen." (sich selbst vor dem Körper wie zur Versöhnung die Hand geben)

„Stark und stark gesellt sich gern, ihr werdet's schon alle sehen!" (erst mit dem rechten, dann mit dem linken Arm die Muskeln zeigen)

Klanggeschichte: Das Faultier Amanda

◉ Nr. 21

Übung für leises Instrumentenspiel

Material: verschiedene Instrumente
Alter: ab 2 Jahren

Die Spielleitung erzählt oder liest langsam die folgende Geschichte:

„Die Uhr schlägt acht *(Triangel – die Spielleitung zählt leise gemeinsam mit den Kindern 8 Schläge)*. Das kleine Faultier Amanda ist sehr müde. Es gähnt laut *(‚huah')*, nimmt seinen Teddy und legt sich auf seinen Lieblingsschlafplatz, die Hängematte auf der Veranda. ‚Ach, hier ist es herrlich', denkt es. Motten schwirren durch die Luft *(mit flacher Hand über die Trommel wischen)*, die Grillen zirpen *(mit den Fingernägeln über die Trommel kratzen)* und der Wind raschelt in den Büschen *(Rassel)*. Im Dunkeln sieht es winzige Glühwürmchen durch die Luft tanzen *(Triangel)* und hier und da fallen ein paar Regentropfen ins Gras *(Klanghölzer)*. Das Faultier kuschelt sich unter seine weiche Decke und schaut in den großen Sternenhimmel. Da sieht es plötzlich etwas Wunderbares: Eine Sternschnuppe fällt vom Himmel *(Glöckchen)*. ‚Nun haben wir einen Wunsch frei', flüstert es seinem Teddy ins Ohr. Aber Teddy schläft schon tief und fest *(leises Schnarchen)*. Das kleine Faultier zieht die Decke bis zur Nasenspitze und denkt über seinen Wunsch nach. Schließlich sagt es: ‚Ich wünsche ... dir eine gute Nacht!', und zufrieden lächelnd schläft es ein."

Hinweis: Wie bei der Klanggeschichte „Heut' geh'n wir auf Löwenjagd" (s. S. 56) macht die Spielleitung einen Probedurchgang, um die Instrumente zu verteilen.
Als schöner, ruhiger Abschluss der Stunde eignet sich das folgende Lied „Das Faultier Amanda".

Das Faultier Amanda

Nr. 22

1. Das Faultier Amanda
   schläft so gern auf der Veranda,
   deckt sich bis zur Nase zu
   und dann schnarcht es – rrrschepu.

2. Das Faultier Amanda
   schläft so gern auf der Veranda,
   winkt noch mal den Sternen zu
   und dann schnarcht es – rrrschepu.

3. Das Faultier Amanda
   schläft so gern auf der Veranda,
   macht die braunen Äuglein zu
   und dann schläft es – rrrschepu.

4. Das Faultier Amanda
   schläft so gern auf der Veranda,
   nur der Wind singt „La Li Lu",
   kleines Faultier, nun ist Ruh'!

Die Autorin

Wiebke Kemper, geb. 1968, Grundschullehrerin und Musikerzieherin, studierte Musik in Dortmund. Sie unterrichtete viele Jahre Musikalische Früherziehungs- und Musikgartengruppen. Dort hat sie die vielseitigen Aktionen rund ums Orff-Instrumentarium erprobt. Seit drei Jahren unterrichtet sie an einer Hagener Grundschule und leitet dort u. a. den Schulchor und eine Kinder-Musiktheatergruppe.

...UND DAZU DER TONTRÄGER VON WIEBKE KEMPER

Rasselschwein & Glöckchenschaf

Fröhliche Lieder zum Mitsingen und Mitspielen
mit Orff-Instrumenten – für Kinder ab 2 Jahren

Charmant-witzige Tierlieder fordern die Kinder zum spontanen Mitspielen mit bekannten Orff-Instrumenten auf. Durch das rhythmische Begleiten und klangliche Mitgestalten lernen die Kinder spielerisch die Handhabung der einzelnen Instrumente, ihre verschiedenen Klänge und die vielseitigen Spielmöglichkeiten kennen.

Für kleine Leute ab zwei Jahren, die Spaß an Musik haben und gerne mit verschiedenen Instrumenten musizieren möchten. Für die musikalische Frühförderung in Kindergarten, Tagesstätte, Musikgarten oder einfach für zu Hause.

ISBN: 3-936286-18-3

Ökotopia Spiele- und Buchversand

Der Fachversand für umwelt- und spielpädagogische Materialien

Fordern Sie unser kostenloses Versandprogramm an:

Ökotopia Verlag
Hafenweg 26a · D-48155 Münster
Tel.: (02 51) 4 81 98 -0 · Fax: 4 81 98 -29
E-Mail: info@oekotopia-verlag.de
Homepage: http://www.oekotopia-verlag.de

Inseln der Entspannung
Kinder kommen zur Ruhe mit 77 phantasievollen Entspannungsspielen

ISBN: 3-931902-18-8

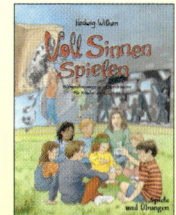

Voll Sinnen spielen
Wahrnehmungs- und Spielräume für Kinder ab 4 Jahren

ISBN: 3-925169-88-1

Snoezelen – Traumstunden für Kinder
Praxishandbuch zur Entspannung und Entfaltung der Sinne mit Anregungen zur Raumgestaltung, Phantasiereisen, Spielen und Materialhinweisen

ISBN (Buch): 3-931902-94-3
ISBN (CD): 3-933286-07-8

Auf dem Blocksberg tanzt die Hex'
Spiele, Geschichten und Gestaltungsideen für kleine und große Hexen

ISBN: 3-931902-19-6

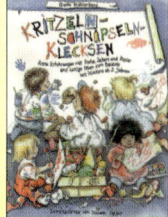

Kritzeln-Schnipseln-Klecksen
Erste Erfahrungen mit Farbe, Schere und Papier und lustige Ideen zum Basteln mit Kindern ab 2 Jahren in Spielgruppen, Kindergärten und zu Hause

ISBN: 3-925169-96-2

Hämmern, Tippen, Feuerlöschen
Mit-Spiel-Aktionen, Geschichten, Lieder und Tänze rund um die Berufswelt

ISBN (Buch): 3-931902-69-2
ISBN (CD): 3-931902-70-6

Eltern-Turnen mit den Kleinsten
Anleitungen und Anregungen zur Bewegungsförderung mit Kindern von 1 - 4 Jahren

ISBN: 3-925169-89-X

Wi-Wa-Wunderkiste
Mit dem Rollreifen auf den Krabbelberg – Spiel- und Bewegungsanimation für Kinder ab einem Jahr Mit einfachen Materialien zum Selberbauen

ISBN: 3-925169-85-7

Sonne, Mond und Sternenkinder
Mit der Mondmaus in Spielen, Liedern und Geschichten die Phänomene des Himmels erforschen

ISBN (Buch): 3-931902-71-4
ISBN (CD): 3-931902-72-2

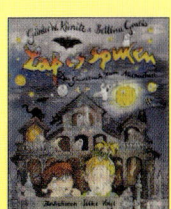

Laß es spuken
Das Gruselbuch zum Mitmachen

ISBN: 3-931902-01-3

Margarita Klein
Schmetterling und Katzenpfoten
Sanfte Massagen für Babys und Kinder

ISBN: 3-931902-38-2

Mit Kindern in den Wald
Wald-Erlebnis-Handbuch Planung, Organisation und Gestaltung

ISBN: 3-931902-25-0

Mit-Spiel-Lieder und Bücher aus dem Ökotopia Verlag
Hafenweg 26a · D-48155 Münster

Reinhold Pomaska

Gitarrenschule und Kinderlieder

An einem Abend Gitarrenbegleitung lernen

ISBN (Buch incl. CD): 3-931902-10-2

S. Günther

Von Räubern, Dieben & Gendarmen

Abenteuerliche Spiele, Geschichten, Basteleien und Lieder rund um das wilde Räuberleben

ISBN (Buch): 3-931902-97-8
ISBN (CD): 3-931902-98-6

E. Gulden, B. Scheer

Singzwerge & Krabbelmäuse

Frühkindliche Entwicklung musikalisch fördern mit Liedern, Reimen, Bewegungs- und Tanzspielen für zu Hause, für Eltern-Kind-Gruppen, Musikgarten und Krippen

ISBN (Buch): 3-936286-36-1
ISBN (CD): 3-936286-37-X

Monika Schneider

Gymnastik-Spaß für Rücken und Füße

Gymnastikgeschichten und Spiele mit Musik für Kinder ab 5 Jahren

ISBN (Buch incl. CD): 3-931902-03-X
ISBN (Buch incl. MC): 3-931902-04-8

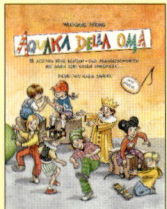

W. Hering

AQUAKA DELLA OMA

88 alte und neue Klatsch- und Klanggeschichten

ISBN (Buch): 3-931902-30-7
ISBN (CD): 3-931902-31-5

Wolfgang Hering

Kinderleichte Kanons

Zum Singen, Spielen, Sprechen und Bewegen

ISBN (Buch incl. CD): 3-925169-90-3
ISBN (nur Buch): 3-925169-91-1
ISBN (MC): 3-925169-92-X

Gisela Mühlenberg

Budenzauber

Spiellieder und Bewegungsspiele für große und kleine Leute

ISBN: 3-925169-41-5
dazu MusiCassette ISBN: 3-925169-63-6

Sabine Hirler

Kinder brauchen Musik, Spiel und Tanz

Bewegt-musikalische Spiele, Lieder und Spielgeschichten für Kinder

ISBN (Buch): 3-931902-28-5
ISBN (CD): 3-931902-29-3

Volker Friebel, Marianne Kunz

Meditative Tänze mit Kindern

In ruhigen und bewegten Tänzen durch den Wandel der Jahreszeiten

ISBN (Buch + CD): 3-931902-52-8

M. Beermann - A. Breucker

Tänze für 1001 Nacht

Geschichten, Aktionen und Gestaltungsideen für 15 Kindertänze ab 4 Jahren

ISBN (Buch incl. CD): 3-925169-82-2
ISBN (nur Buch): 3-925169-86-5
ISBN (nur MC): 3-925169-83-0

Günter W. Kienitz

ErzieherInnen im Netz

Das Internet praxisorientiert nutzen: Handbuch für Einstieg, Weiterbildung und Beruf mit zahlreichen nützlichen Internetadressen zum Sofortfinden

ISBN: 3-936286-16-7

Volker Friebel

Weiße Wolken – Stille Reise

Ruhe und Entspannung für Kinder ab 4 Jahren.
Mit vielen Geschichten, Übungen und Musik

ISBN (Buch incl. CD): 3-925169-95-4